Rosalie Linner

Tagebuch einer Landhebamme

Die Autorin
Rosalie Linner wurde 1918 in Tittling Kreis Passau geboren. Nach einer Ausbildung in Haushaltsführung und Krankenpflege besuchte sie nach dem Krieg in Würzburg die Hebammenschule, welche sie mit dem Staatsexamen abschloss. Nach fast 40-jähriger Tätigkeit als Landhebamme setzte sie sich 1980 zur Ruhe.

Das Buch
Fast 40 Jahre lang übte Rosalie Linner in verschiedenen ländlichen Regionen Oberbayerns den Beruf der Hebamme aus, der auch ein gerüttelt Maß an Berufung voraussetzte. Denn nur mit dieser war es möglich, Strapazen auf sich zu nehmen, die für uns Heutige kaum noch vorstellbar sind.

Nicht nur galt es, bei Wind und Wetter Tag und Nacht bereit zu sein, nicht selten kilometerweit zu Fuß zu einer werdenden Mutter auf einem abgelegenen Hof zu gelangen, um ihr im Wehenschmerz beizustehen und ihr schließlich Geburtshilfe zu leisten. Die Hebamme, durchaus nicht immer freudig begrüßt, verstand sich und wurde verstanden auch als Helferin in seelischen Nöten, die nur allzu oft mit der Geburt eines Kindes einhergingen. Überhaupt besteht das Wertvolle dieses Tagebuchs in den unvoreingenommen und in einfacher Sprache wiedergegebenen tiefen Einblicken in das Leben der Menschen auf dem Lande zu einer Zeit, da Aberglauben und Brauchtum, die Gesetze der Großfamilie und bescheidenste Verhältnisse das Leben bestimmten. Menschliche Größe steht neben Niedertracht, Liebe neben Abgewiesenwerden, unausdrückbare Freude neben Tragik, Geburt neben Sterben.

In diesem Sinne spiegeln die Aufzeichnungen das ganze, weite Spektrum des menschlichen Daseins wider. Sie sind darüber hinaus das historische Zeugnis eines Berufes, den es in dieser Form der Ausübung nicht mehr gibt. Als eine der letzten Landhebammen der Bundesrepublik Deutschland gab Rosalie Linner 1980 ihre Niederlassungserlaubnis zurück.

Alle Personen-, Orts- und Hofnamen wurden geändert.

Rosalie Linner

Tagebuch einer Landhebamme 1943-1980

rosenheimer

Dieses Buch ist eine Sonderausgabe, die die beiden Bücher »Tagebuch einer Landhebamme, 1943–1980« und »Immer unterwegs. Erinnerungen einer Landhebamme« von Rosalie Linner enthält.

13. Auflage

www.rosenheimer.com

Sonderausgabe für Reader's Digest:
Verlag Das Beste GmbH, Stuttgart, Zürich, Wien

Titelfoto: Monika Robl, München
Satz: SF-Design GmbH, Stefan Felder, Rosenheim
Druck und Bindung: GGP Media GmbH, Pößneck
Printed in Germany

ISBN 978-3-475-54159-9

1

Es war das Kriegsjahr 1943 in Frankfurt am Main. Ich stand noch unter dem Eindruck der furchtbaren Nachricht, dass mein einziger Bruder in Russland gefallen war. Aber zu jener Zeit jagte ein trauriges Ereignis das andere. Bomben fielen über unsere Städte und brachten Tod und Verderben über die Menschen. So geschah es auch in jener Nacht, deren Ereignisse sich tief in mein Gedächtnis eingegraben und die meinem Leben eine entscheidende Wende gegeben haben.

Fliegeralarm! Der schrille Ton der Sirene schreckte die Menschen aus ihrer Nachtruhe, und ängstlich tastend liefen die Bewohner der Häuser in die Luftschutzkeller. Hier saß ich nun, in einem dieser dunklen Räume, neben mir ein altes Ehepaar, das seine wichtigste Habe neben sich abstellte. Es kamen noch ein paar Frauen und ein gehbehinderter älterer Mann dazu, und schließlich suchten noch drei Soldaten in unserem Keller Schutz vor den bevorstehenden feindlichen Angriffen. Dumpf hörte man von der Ferne das Herannahen der Flugzeuge und bald darauf den Einschlag der ersten Bomben, als sich noch einmal die Kellertüre öffnete und eine hochschwangere junge Frau hereintrat, die in der hintersten Ecke, nahe dem Kohlenhaufen, Platz suchte. »Eine Halbjüdin«, hörte ich tuscheln.

Das Licht der kleinen Glühbirne, die den Raum düster erleuchtet hatte, war längst erloschen. Aber der helle Feuerschein draußen auf der Straße, der durch einen Fensterspalt in unseren Kellerraum drang, verbreitete ein magisches Licht. Ein leises Wimmern kam vom Kohlenhaufen zu uns herüber. Niemand achtete darauf; draußen war die Hölle, und Todesschreie vom Luftschutzkeller nebenan ließen uns das Schlimmste erahnen. Stunde um Stunde verging. Das Wimmern drüben in der Ecke ging in ein lautes Stöhnen über. Es war allen klar, hier drängte ein junges Leben an das Licht dieser Welt, einer Welt, die außer Hunger, Angst, Bomben, Tod nichts zu bieten hatte. Niemand rührte sich, um der werdenden Mutter beizustehen, zu helfen, ihr Kind zur Welt zu bringen. Jeder hatte eigene Sorgen, und eine »Halbjüdin, was soll's?«, sagte man sich.

Das Mitleid mit dieser jungen Frau war größer in mir als die Angst vor dieser Bombennacht. Ich stapfte über Koffer und Taschen hin zu der Ecke, aus der die Schmerzenslaute kamen. Vielleicht kann ich wenigstens etwas Trost vermitteln, dachte ich mir, wenn ich schon keine Geburtshilfe zu leisten vermag, dazu fehlen mir die nötigen Kenntnisse. Außer geringem theoretischem Wissen, das ich in einem Erste-Hilfe-Kurs vermittelt bekommen hatte, hatte ich vom praktischen Ablauf einer Geburt keine Ahnung. Aber vielleicht, so sagte ich mir, hilft ihr meine Nähe ein ganz klein wenig. Ihre Augen und der Händedruck sagten mir, dass sie für meine Anwesenheit dankbar war. Zitternd vor Angst und Schmerz hockte diese Frau auf dem Fußboden des Luftschutzkellers, gottergeben und in sich gekehrt. Ich betrachtete den Kohlenhaufen: Ob sich der wohl als notdürftiges Lager für die werdende Mutter eignet? Eine Decke als Unterlage müsste ich finden, um die Frau in eine andere Lage bringen zu können. Ich hatte Glück. Auf zwei alten Eimern lag eine braune Militärdecke, die zwar alt und ausgefranst, aber immerhin noch brauchbar war.

Die Geburt näherte sich dem Höhepunkt, und mir stand mehr Schweiß auf der Stirne als der werdenden Mutter. Aber plötzlich überkam mich eine sonderbare Ruhe. Wenn ich heute diese damalige Situation in meinen Gedanken nachvollziehe, so muss ich erkennen, dass ich genau das Richtige tat, als wäre es nicht das erste Mal gewesen. Mir kam das Ganze erst richtig zum Bewusstsein, als ich plötzlich dieses kleine Menschenkind in meinen Händen hielt. Als es zu schreien anfing, war es mir, als erwachte ich aus einem Traum.

Das Durchtrennen der Nabelschnur stellte mich vor ein neues Problem. Ein verrostetes kleines Messer, das mir jemand zur Verfügung stellen wollte, erschien mir nicht als das richtige Werkzeug. So wartete ich, bis die Nabelschnur nicht mehr pulsierte, und riss sie dann mit einem kräftigen Ruck durch. Ein Verbandmull, den ich in meiner Tasche mitführte, diente als Kompresse und zugleich als Nabelbinde. Mit einem sauberen Taschentuch rieb ich das Neugeborene trocken, wickelte es in meinen Wollschal und legte es der Mutter in den Arm. Tote und Schwerverletzte in unserer unmittelbaren Nähe, und hier ein neues Leben. Auch das gab es - damals.

Jene Stunden im Bombenhagel gehörten, trotz Todesangst, zu den wichtigsten meines Lebens. Sie zeigten mir den Weg zu einem langen, erfüllten Berufsleben als Hebamme.

2

Die Jahre der Nachkriegszeit. Unsere Städte lagen in Schutt und Asche, Trauer um unsere gefallenen und vermissten Angehörigen, Hunger als täglicher Gast, das war die Zeit, in der ich als junge Hebamme meine Arbeit begann. Ich stand »im Dienste der Zukunft unseres Volkes«, wie es in der Eidesformel heißt.

Der mir zugeteilte Wirkungskreis erwies sich als die erste Enttäuschung, die nicht die einzige bleiben sollte: Er war bereits von einer anderen Kollegin besetzt, die aus den Ostgebieten gekommen war. Eine Fehlentscheidung der Behörde? Ich wurde nun angewiesen, vorerst vertretungsweise zu arbeiten, das heißt, Kolleginnen zu vertreten, die erkrankt oder sonst verhindert waren, ihren Beruf für kürzere oder längere Zeit auszuüben. Für mich hieß das also: ein unstetes Leben.

Ein langer, strenger Winter. Tief verschneit lag der Ort am Rande des Bayerischen Waldes, nahe der böhmischen Grenze, der mir als Vertretung einer erkrankten Kollegin angewiesen wurde. Trotz aller Freude und Begeisterung für meine Arbeit wurde es mir bange, als ich in einer bitterkalten Winternacht zu einer jungen Mutter, die ihr erstes Kind erwartete, gerufen wurde. Ein eisiger Wind blies aus dem Böhmerwald her, und ich kämpfte mich mit jedem Schritt vorwärts zu dem kleinen Haus, das ganz versteckt am Waldrand lag.

Eine alte Frau öffnete mir. Auf meine Frage, ob ich hier richtig sei, meinte sie: »Wennst du d'Hebamm bist, dann schaugst aber arg mager aus, und jung bist aa no. O mei, o mei, wenn des bloß guatgeht.«

Gewiss eine kalte Dusche für mich, nicht angetan, mein Selbstbewusstsein zu heben.

»Ich bin die Ahne«, sprach die alte Frau weiter, »und das ist Agatte, meine Enkelin.« Dabei stieß sie die Tür zum nebenliegenden Raum auf. »Vom Böhmischen ist er rüberkommen, der Lump, der sie in d'Schand bracht hat. Ihn soll Gottes Strafe treffen.«

Ihre Worte waren voller Bitterkeit, und eine tiefe Falte grub sich zwischen ihre Brauen. Ich trat über die Schwelle. Ein junges Gesicht mit zwei ängstlichen Augen blickte mir entgegen, als eine heftige Wehe den jungen Körper erschütterte. Eine kleine Öllampe verbreitete ein schummriges Licht, und ich begann die Gegenstände, die ich für meine Arbeit benötigte, wie Nabelbesteck, Desinfektionsmittel, Watte, Gummihandschuhe und anderes, auf dem wackeligen Tisch auszubreiten. Behutsam versuchte ich in der Wehenpause ein Gespräch, um der werdenden Mutter die Angst vor den kommenden schweren Stunden zu nehmen. Sie war dankbar für jedes tröstende Wort und ertrug klaglos die immer häufiger einsetzenden Wehen.

Als der neue Tag heraufzog, tat der kleine Peter den ersten Schrei. Ein kräftiges, gesundes Kind, knapp 4000 Gramm schwer, mit rosiger Haut und dunklem Haar. Nass vom Schweiß, die Stunden der Anstrengung noch im Gesicht, aber glücklich, lag die junge Mutter nun in den Kissen, als ich ihr ihren Sohn in den Arm legte. Nun kam auch die Ahne den kleinen Urenkel in Augenschein zu nehmen. Ob er wohl

Gnade finden wird vor ihren Augen? Und siehe da, das Gesicht der alten Frau entspannte sich, ein weicher Zug kam um ihren Mund, als sie sagte: »Gott behüt dich, wir werden dich schon mögen.« Dabei nahm sie ganz behutsam die winzige Hand in ihre schwieligen Hände, um dann ein Kreuz auf die kleine Stirn zu zeichnen. Diese Geste berührte mich tief, und müde, aber glücklich verließ ich das Waldlerhaus.

Um Mutter und Kind zu versorgen trat ich nun jeden Tag den Weg in die Einöde an. Die Ahne wurde gesprächiger, sie kochte Pfefferminztee, wenn sie mich von weit her kommen sah, damit ich mich aufwärmen konnte, wie sie sagte, und im Laufe der zehn Tage erfuhr ich dann die traurige Geschichte dieser Familie:

Die Ahne, früh Witwe geworden, hatte ihren einzigen Sohn, den Uli, zu einem rechtschaffenen jungen Mann erzogen. Als er dann seine Gunda, ein tüchtiges junges Mädchen aus der Nachbargemeinde Asenbaum, als seine Frau in das Haus holte, war nicht nur Uli, sondern auch seine Mutter glücklich und zufrieden. Aber dieses Glück dauerte nicht lange. Bei der Geburt der kleinen Agatte starb die Mutter, und Uli fiel als Soldat in Russland bei Stalingrad.

Aber nun sah es so aus, als ob der kleine Peter Glück und Sonnenschein in das Haus und seine Menschen bringen würde, die rauh wie das Klima dieser Gegend, aber im tiefsten Innern gut und liebenswert sind.

Der Winter hielt mit unverminderter Härte an, und ich litt sehr unter der extremen Kälte, zumal das kleine Dachstübchen, das ich bewohnte, nicht allzu viel Wärme hatte, da der kalte Wind von Osten durch alle Fugen blies.

Mit der Zeit lernten mich die Leute kennen und nahmen mich freundlich in ihrer Mitte auf, hatte doch die Ahne zu berichten gewusst, dass ich, obwohl »mager« und noch jung, meine Sache sehr wohl verstand. Das Vertrauen dieser Menschen zu mir machte mich sehr glücklich.

Eines Nachts läutete wiederum die Hausglocke, Ein Pferdeschlitten hielt vor der Tür, und ein bärtiger Mann erklärte mir, dass die Bäuerin von der Wolfsleiten mich brauchte. Nachdem ich meinen Hebammenkoffer auf dem Schlitten verstaut und ich neben dem Mann Platz genommen hatte, ging die Fahrt los. Auf meine Frage, ob er der Bauer sei, erklärte er mir, dass er der Loisl, der Knecht, sei. Es käme das erste Kind auf dem Wolfsleitenhof, und der jungen Bäuerin gehe es schlecht, sehr schlecht. Auf meine bohrenden Fragen antwortete er meist nur mit »ja« oder »nein«, denn wortkarg waren diese Menschen, so viel war mir inzwischen klargeworden. Mir ging vieles durch den Kopf. Warum holt man nicht den Arzt, wenn die werdende Mutter krank ist?

»Ja«, meinte er, »man hat die alte Wabn geholt, aber die sagte, da ist nichts mehr zu machen, mit der Bäuerin geht's zu Ende und man soll dem Herrn Pfarrer Bescheid sagen, helfen kann man da nicht mehr. Der Herr Pfarrer, der sogleich kam, meinte aber, man müsste den Doktor oder die Hebamme, am besten beide holen. Der Doktor aber ist drüben in Reichenbach bei einem kranken Kind.« Ich konnte mir keinen Reim aus diesem Bericht machen und ahnte nichts Gutes. Der Bauer kam mir entgegen und führte mich in die Schlafkammer, die von einer kleinen Petroleumlampe düster erleuchtet war. Die junge Bäuerin war nicht ansprechbar, sie lag in tiefer Ohnmacht. Ein schweres Krankheitsbild: Mein Verdacht bestätigte sich, als ein heftiger Eklampsieanfall den jungen Körper schüttelte. Die Atmung setzte aus, und ich konnte der Kranken gerade noch rechtzeitig den Gummikeil zwischen die Zähne schieben, um eine Verletzung der Zunge zu vermeiden. Der Anfall war so schwer, dass wir beide Mühe hatten, die werdende Mutter festzuhalten, um sie vor weiterem Schaden zu bewahren.

Nun war allerhöchste Eile geboten, es war schon zu viel wertvolle Zeit vertan worden. Zum Glück hatte der Nachbar, der Bürgermeister war, einen Telefonanschluss. Ich beauftragte Loisl mit dem Bericht, den ich ihm aufschrieb, dorthin zu laufen. Die Wege waren verhältnismäßig gut, und so konnten wir hoffen, dass der Krankenwagen bald eintreffen würde.

Jetzt bemerkte ich erst die Wabn, die Kräuterwabn, wie man sie hier zu Lande nannte. Auf einem Stuhl in der Ecke sitzend, hielt sie den Rosenkranz in den Händen, und ihre Lippen bewegten sich leise im Gebet. Sie nahm keinerlei Notiz von uns. In sich zusammengesunken verharrte sie lautlos. Ihr Alter wusste niemand genau zu sagen. Sie war einfach da, immer schon, hieß es. Weil sie sich auf Kräuter und Tinkturen verstand, nannte man sie Kräuterwabn. Sie leistete Geburtshilfe bei Mensch und Tier, ihre Ratschläge und ihr Trost waren bei Krankheit und anderem Übel gefragt und geschätzt.

Es war totenstill im Raum. Nur das monotone Tikken der Wanduhr und der schwere Atem der Kranken waren zu hören. Die Minuten dehnten sich zu einer Ewigkeit. Es war mir klar: Wenn es überhaupt noch Hilfe gab, musste sie schnell kommen. Ich betete, wartete und sah immer wieder auf die Uhr. Endlich hörte ich Motorengeräusch, der Krankenwagen hielt vor der Tür. Behutsam betteten wir die werdende Mutter auf die Bahre und trugen sie zum Auto, um sie in das nächste Krankenhaus zu bringen, wo man versuchen würde, durch Kaiserschnitt Mutter und Kind zu retten. Auf der Fahrt dorthin hatte ich nur einen Gedanken: Lieber Gott, lasse ein Wunder geschehen und erhalte das Leben dieser werdenden Mutter und das ihres ungeborenes Kindes.

Und das Wunder geschah.

Vom nahegelegenen Kirchturm schlug es die dritte Morgenstunde, als der kleine Michael, durch eine hervorragend ausgeführte Sectio, das Licht der Welt erblickte. Etwas zu früh geboren und behindert in der Atmung tat er nach kurzer Wiederbelebung den ersten Schrei. Ein glücklicher Augenblick für alle Anwesenden im Operationssaal. Und als ich hörte, dass es auch der Mutter relativ gut gehe, fiel plötzlich alle Spannung von mir und ich spürte, wie mir Tränen über die Nase liefen. Sollte ich mich ihrer schämen?

Der kommende Tag war ein Sonntag. Die Leute kamen von den entlegenen Dörfern und Einöden nach Breitenbronn zum Gottesdienst in die Kirche. Vor meiner Tür hielt abermals ein Schlitten von der Wolfsleiten. Aber nicht Loisl, der Knecht, entstieg dem Fahrzeug, sondern der junge Bauer. Er überreichte mir einen Korb mit den Worten: »Ich sag halt tausendmal vergelt's Gott.«

Neugierig öffnete ich den Weidenkorb und traute meinen Augen kaum. Was ich zu sehen bekam, ließ mir die Augen übergehen: Rauchfleisch, selbst gebackenes Brot, frische Landbutter, Eier, Äpfel, Nüsse.

Das waren Dinge, von denen man damals nur träumen durfte, und ich konnte sie weiß Gott gebrauchen.

Meine Tage in Breitenbronn waren nun gezählt, denn die erkrankte Kollegin war genesen. Mit leiser Wehmut nahm ich Abschied von dem mir lieb gewordenen Ort und seinen Menschen.

Eine neue Aufgabe wartete auf mich. Diesmal ging es in ein kleines Städtchen im Chiemgau. Eine Berufskollegin hatte mich gebeten, für einige Wochen ihren Dienst zu übernehmen. Ihr Mann war gerade aus russischer Kriegsgefangenschaft entlassen worden und mehr tot als lebendig nach Hause gekommen. Unvorstellbar schwere Jahre lagen hinter ihm. Er konnte sich in den neuen Lebensrhythmus nicht mehr einfügen, litt unter schweren Depressionen und nahm sich das Leben. Ein solches Schicksal war zu der damaligen Zeit kein Einzelfall. Verständlich, dass man unter solchen Belastungen nicht den Einsatz leisten kann, den der Beruf der Hebamme verlangt.

Das Krankenhaus des Ortes bot mir Aufnahme an, Ärzte und Schwestern waren mir zugetan. Des Öfteren versorgte man mich mit einem Teller warmer Suppe oder einer Tasse Pfefferminztee mit einem Stück Brot, wenn ich erschöpft von einer lange währenden Hausgeburt nach Hause kam. Wie dankbar war ich dafür, denn Nahrungsmittel waren immer noch knapp!

Mit einigen Ausnahmen leistete ich im Krankenhaus Geburtshilfe; die Arbeitsbedingungen waren gut. Nach einigen Wochen nahm die Kollegin die Arbeit wieder auf, so dass es für mich erneut Abschied nehmen hieß von einer mir liebgewordenen Umgebung.

Inzwischen kam der Sommer ins Land. Verträumt und still lag der kleine Ort Kraiburg im oberbayerischen Inntal, in den es mich nun verschlagen hatte. Für eine ältere, schwer erkrankte Kollegin sollte ich bis zu ihrer Genesung die Arbeit übernehmen. Doch es sollte alles anders kommen, als ich dachte, denn Kraiburg wurde mir zum ständigen Wohnsitz, zu meiner zweiten Heimat.

Zunächst war es ein schwerer Beginn, denn meine Vorgängerin war äußerst beliebt. Ihre lange Lebens- und Berufserfahrung kannte jeder. Ein schwerer Start für mich. Die Bewährungsprobe musste ich erst bestehen, um überhaupt Fuß fassen zu können.

Mit sehr gemischten Gefühlen ging ich an die Arbeit, denn auch die beiden Ärzte des Marktes betrachteten mich mit Misstrauen. Das ungemütliche, spärlich möblierte Zimmer, das nicht heizbar war und über einer Garage lag, war auch nicht dazu angetan, mein Lebensgefühl zu heben. Doch der Verlauf des Antrittsbesuches in dem kleinen Krankenhaus des Ortes, das von Ordensschwestern geleitet wurde, gab mir einigen Auftrieb. Der Chefarzt kam mir freundlich entgegen und sagte:

»Seien Sie herzlich willkommen, ich hoffe, Sie werden sich wohlfühlen bei uns. Was Ihre Arbeit betrifft, so werden Sie sie meistern, denn Sie sind noch jung und dem Aussehen nach gesund. Auf gute Zusammenarbeit.«

Nun fühlte ich mich schon etwas wohler in meiner Haut, und als auch noch Frau Oberin mich freundlich willkommen hieß indem sie sagte: »Zu diesem schweren Beruf wünsche ich Ihnen Gottes Segen, den Sie nötig brauchen werden. Sollten Sie Sorgen haben, beruflicher oder privater Art, ich bin immer für Sie da«, da war ich wirklich erleichtert.

Ich habe diese Worte nie vergessen, bis heute nicht. In vielen schwierigen Situationen holte ich mir Rat, auch in späteren Jahren, bei dieser gütigen, weisen Frau, über deren Wesen Ruhe und Würde lag.

Nun kamen die ersten Anmeldungen der werdenden Mütter. Immer wieder bekam ich zu hören, dass man einige Zweifel an meinem Können hege, weil ich noch so jung und so mager sei. Von einer Hebamme hatte man offenbar andere Vorstellungen. Manches Mal war ich den Tränen nahe. Ich fühlte mich der Sache durchaus gewachsen und mager war ich gewiss nicht. Ich sehnte mich zurück nach Breitenbronn, dessen Menschen mir so zugetan waren.

Aber eines Tages kam doch noch die Wende. Eine junge Mutter erwartete ihr drittes Kind. Der werdende Vater kam sichtlich nervös mich zu holen, denn das Kind sollte zu Hause geboren werden. In der kleinen, aber gepflegten Wohnung war alles wohl vorbereitet für die Ankunft des kleinen Erdenbürgers. Bei meinem Eintritt musterte mich die werdende Mutter kritisch, und sie wollte gerade zu einer längeren Rede ansetzen, als eine Wehe einsetzte. Dem Schmerz gab sie lautstark Ausdruck, und mit jeder Wehe steigerte sich die Lautstärke. Ich versuchte der Kreißenden zu erklären, dass nicht schreien, sondern atmen und den Körper entspannen wichtig sei, um dem Kind Sauerstoff zuzuführen, den Geburtsschmerz zu vermindern und den Ablauf zu verkürzen. Aber die Antwort belehrte mich eines Besseren. »Ja, glauben Sie, ich schreie grundlos? Er«, damit war der Ehemann gemeint, »soll wissen, was er mir angetan hat und was ich erleiden muss seinetwegen. Das ist meine Rache!« Welche Logik! Aber im Laufe der nächsten Stunden bemerkte sie doch, dass meine Theorie die bessere war, und somit nahm der Geburtsverlauf ein gutes Ende.

Das wohlgeformte kleine Mädchen begrüßte mit einem kräftigen Schrei diese Welt. Auch die Gesichtszüge der Mutter veränderten sich zu einem glücklichen Lächeln.

Der Redseligkeit der Mutter habe ich viel zu verdanken. Sie lobte mich bei allen, mit denen sie über die Geburt und mich sprach. Mit einem Mal spürte ich das Vertrauen, das ich so dringend brauchte.

3

Als in jenem Jahr der Sommer in den Herbst überging, neigte sich das Leben meiner Vorgängerin seinem Ende entgegen. Ein Leben, das geprägt war von Sorge um Mutter und Kind und von Verantwortung und Mühe. Eine große Trauergemeinde, die von der Wertschätzung der Verstorbenen zeugte, begleitete sie zur letzten Ruhestätte.

Ich erhielt nun die Niederlassungserlaubnis von der Gemeinde und der Regierung von Oberbayern für den Bereich Kraiburg und Umgebung und somit hatte ich meinen festen Wohnsitz. Die Zulassung zu den Krankenkassen verlief reibungslos, womit ich auch behördlicherseits als zuständige Hebamme anerkannt war. Der Bürgermeister des Ortes verhalf mir zu einer besseren, wenn auch bescheidenen Wohnung. Nach einiger Zeit war ich sogar Besitzerin eines Kleinwagens, den ich unter schweren finanziellen Opfern erwarb. Aber ich war nun beweglicher und konnte die oft weiten Entfernungen zu den einzelnen Höfen und Ortschaften leichter bewältigen.

Es war November und hatte frühzeitig zu schneien begonnen, als ich eines Nachts zu einer jungen Bäuerin gerufen wurde, die ihr erstes Kind erwartete. Weit entlegen und abseits der Straße versuchte ich den Weg zu finden, der mich zum Breitmeierhof bringen sollte.

Vom Kirchturm in Grünberg schlug es gerade Mitternacht, als ich das Anwesen betrat. Eine junge Frau blickte mir entgegen, Angst in den Augen. Auch dem werdenden Vater sah man in seinen Bewegungen und Gesten die Unruhe an. Auf meine Frage an die Schwangere, was sie denn so ängstige, sagte sie: »Weißt, ich hab schon lange keine Mutter mehr, die ich fragen könnte. Ich weiß nicht so recht, was auf mich zukommt. Darum habe ich Angst, schreckliche Angst vor den kommenden Stunden.« Weiter erzählte sie, dass sie den Hof habe übernehmen müssen, nachdem zwei Brüder in Russland gefallen seien. Schwiegermutter gäbe es auch keine mehr, sie sei ebenfalls tot. Der Vater sei noch am Leben, er arbeite auf dem Hof und auf den Feldern noch mit, aber seit dem Tode der Mutter sei er wortkarg und verschlossen.

In einem beruhigenden Gespräch versuchte ich ihr den Geburtsvorgang zu erklären, dass die Wehen notwendig seien, um den Geburtsweg vorzubereiten, die Austreibungsperiode viel Kraft ihrerseits erfordere und dass auch dem Kind sehr viel abverlangt werde. Ich sagte ihr, dass ich ihr dabei helfen würde, alles zu einem guten Ende zu führen. Sie müsse bedenken, dass es allen Müttern dieser Welt gleich ergehe, aber die Liebe und Freude zum Kind ließe alles leichter ertragen.

Ihr Blick drückte Dankbarkeit aus, wenn ich ihre Hand hielt und ihr Mut zusprach. Die Angst wich einer leisen Freude und auch ihr Mann schien die Unruhe zu verlieren. Er machte sich nützlich bei den Vorbereitungen, die ich ihm auftrug.

Als gegen Morgen die kleine Barbara den ersten Schrei tat, schienen alle wie von einer Bürde befreit. Nun kam auch der alte Bauer, jetzt Großvater, und meinte, es sei wie ein Wunder. Mehr sagte er nicht, aber dabei hatte er Tränen in den Augen.

Weil die kleine Barbara mit ihren 2400 Gramm etwas zart war, hielt ich es für angebracht, am Abend noch einmal nach ihr zu sehen. Sie hatte sich von der Anstrengung der Geburt gut erholt, nuckelte kräftig an ihrem Daumen und schien mit sich zufrieden. Jetzt war auch Tante Regina, eine entfernte Verwandte, eingetroffen, welche die Pflege der jungen Mutter und die Versorgung des Haushalts übernahm. Ich beauftragte sie, das Kind warm zu halten und zeigte ihr die Wärmflasche, die ich ins Bettchen legte. Es schien alles in bester Ordnung, das dachte ich jedenfalls. Aber was sich in jener Nacht ereignete, ließ mich zu Tode erschrecken, und auch heute noch denke ich mit Entsetzen an jene Vorkommnisse.

Ganz gegen meine Gewohnheit, noch vor der Arbeit im Krankenhaus, machte ich mich am frühen Morgen auf den Weg nach Breitmoos, um Mutter und Kind zu versorgen. Als ich nach dem Befinden der kleinen Barbara fragte, erzählte mir die Mutter, dass sie die Nacht unruhig gewesen sei und lange geweint hätte, nun sei sie eingeschlafen.

Das dachte ich zunächst auch, doch als ich das fest verschnürte Bündel von Federkissen und Wolldecken sah, in dem sich Barbara befand, ahnte ich nichts Gutes. Feuchtdunstige Wärme schlug mir entgegen, als ich die Kleine von dem Ballast befreite. Das Kind gab kein Lebenszeichen mehr. Leblos hielt ich es in meinen Händen, das Köpfchen fiel zur Seite, und Arme und Beine hingen schlaff am Körper. Blutleer das kleine Gesicht, aber der Rücken blaurot verbrannt. Nun bemerkte ich erst das Heizkissen, das noch angeschaltet war. Tante Regina hatte, um das Kind vor Kälte zu schützen, statt der Wärmflasche das moderne Heizkissen verwendet. Stumm vor Entsetzen sah die Mutter auf ihr Kind, das sie mit soviel Liebe und Freude erwartet hatte. Ich versuchte durch Beatmung und Wiederbelebung das schier Unmögliche wahr zu machep und glaubte einen ganz schwachen Herzschlag zu spüren. In aller Eile wollte ich das Kind zu meinem Wagen bringen, um es im Krankenhaus in ärztliche Hände zu geben, da kam der Großvater, nahm mir das Körbchen aus den Händen, trug es aus dem Haus und sagte zu mir bloß: »Tu alles, was du kannst ...«

Der zuständige Arzt des Krankenhauses sah auf das leblose kleine Wesen und meinte: »Was wollen Sie, das ist ein sterbendes Kind, ich habe da keine Hoffnung mehr.« Aber ich sagte ihm: »Bis nicht alles getan wurde, so lange glaube ich an eine Wende zum Guten.« Das war wohl ein Wunschgedanke, an ein gutes Ende glaubte ich ja selber nicht.

Die Injektion zur Stabilisierung des Kreislaufes hatte einen leichten Erfolg. Die Herztätigkeit wurde etwas kräftiger, und für einen kurzen Augenblick öffnete das Kind die Augen. Nach einer Stunde etwa tat Klein-Barbara einen dünnen Schrei. Ich versuchte nun durch Flüssigkeitszufuhr den Wasserverlust bei ihr aufzuholen und hatte Erfolg. Die Kleine erholte sich nach einigen Tagen zusehends, auch die Heilung der Brandwunden machte gute Fortschritte; nach zwei Wochen konnte sie nach Hause entlassen werden. Dieses Mal hatten wir dem Tod ein Schnippchen geschlagen. Wäre ich damals zehn Minuten später gekommen, hätte mit Sicherheit niemand mehr der kleinen Barbara helfen können.

Den Lebensweg dieses Kindes verfolgte ich, da es so nahe am Tod vorbeigegangen war, sehr lange.

Es wuchs zu einem hübschen jungen Mädchen heran, und ich habe sie ganz besonders in mein Herz geschlossen. Aber auch sie scheint mir zugetan zu sein; wenn wir uns begegnen, erzählt sie mir noch heute Ereignisse ihres Lebens.

4

An einem der letzten Adventstage war ich auf dem Weg nach Adlring, zur Wimmerbäuerin in Wimm, die ihr fünftes Kind erwartete. Es fing an zu dämmern als weitab von der Straße Lichter des Hofes sichtbar wurden. Etwas verärgert war ich darüber, dass nur eine schmale Fußspur zu dem Gehöft führte. Im Allgemeinen war es üblich, dass man den Weg freihielt, wenn die Geburt eines Kindes bevorstand, um Arzt und Hebamme die Möglichkeit zu geben, schnell an Ort und Stelle zu sein. Auf dem Fußmarsch zu der Einöde machte ich mir darüber meine Gedanken. Der Weg führte steil bergauf, durchfroren kam ich in Wimm an.

Die Bäuerin, eine nicht mehr junge, sehr verhärmte Frau, blickte mir mit großen traurigen Augen entgegen. Sie erklärte mir, dass sie in der Stube auf dem Kanapee ihr Bett bereitet hätte, weil das Schlafzimmer nicht heizbar sei. Die vier Kinder saßen um den großen Tisch im Herrgottswinkel und löffelten lautlos aus einer großen Schüssel ihre Mahlzeit und es schien ihnen zu schmecken. Die zehnjährige Marianne räumte anschließend den Tisch ab und brachte die jüngeren Geschwister zu Bett. Bevor sie selber schlafen ging, kam sie noch einmal zur Mutter um sie zu fragen, ob es noch etwas zu tun gäbe. An der Tür drehte sie sich noch einmal um und zu mir gewandt sagte sie: »Wennst mi brauchst, dann weckst mi halt.« Eine seltsame Situation! Gab es hier keinen Ehemann, keinen Vater?

Sehr bald setzten heftige Wehen ein, doch ohne zu klagen ertrug die tapfere Mutter den Wehenschmerz. In den ersten Stunden des neuen Tages erblickte der kleine Philipp das Licht der Welt, einer Welt, die keine frohe Kindheit für ihn bereithielt, wie ich sehr bald erfahren sollte.

Aber nun gab es Schwierigkeiten in der Nachgeburtsperiode. Die Plazenta schien angewachsen und alle mir zur Verfügung stehenden Mittel, sie zu lösen, hatten keinen Erfolg. Der Blutverlust der Mutter war beträchtlich, und daher auch ihr Allgemeinbefinden nicht zum Besten. Keine Frage, es musste ärztliche Hilfe geholt werden. Und das bei verschneiten und unbefahrbaren Wegen! Nun konnte die Wimmerbäuerin meiner Frage nicht mehr ausweichen: »Wir brauchen dringend einen Arzt, wo ist Ihr Mann?« Da antwortete sie: »Er schläft.« – »Dann werde ich ihn wecken, damit er sich in Eile auf den Weg macht.« – »Tu es lieber nicht, denn er wird nicht aufstehen«, war ihre Antwort. Ich hielt so etwas nicht für möglich und so sagte ich ihr: »Er muss ganz einfach ärztliche Hilfe holen, deshalb werde ich ihn wecken.«

Auf mein Rufen und Klopfen an der Schlafzimmertüre kam keine Antwort, statt dessen drehte sich der Schlüssel im Schloss. Die Türe wurde von innen abgeriegelt. Angst und Wut überkamen mich.

Hilflos starrte ich auf die verschlossene Tür und wusste nicht, wie alles weitergehen sollte. Aber da stand plötzlich die kleine Marianne mit blassem, ängstlichem Gesicht bei mir; sie wusste Rat. Sie holte den Toni, einen entfernten Verwandten, der ein Bein im Krieg verloren hatte und drüben im Austragshaus lebte. Der fuhr mit seinem Motorrad hinaus in die

Nacht, die rettende Hilfe zu holen, während der Ehemann in seinem Bett den Schlaf des Gerechten schlief. Ich war fassungslos! Wie konnte es so etwas geben?

Der Arzt kam noch rechtzeitig, um das Leben fieser Frau zu retten, die nun blass und schmal in ihrem Kissen lag, still und gottergeben. Ich stand noch ganz unter dem Eindruck des Geschehens, als sie spontan zu sprechen begann. Ihr Lebenslauf, ganz besonders die traurige Geschichte ihrer Ehe, erschütterte mich zutiefst:

Die Heirat stand von Anfang an unter keinem guten Stern. Die Eltern beider bestimmten diese Verbindung, es gab kein Wenn und Aber für die jungen Leute, man hatte sich zu fügen, weil es der Wille der Eltern war. Die Mitgift der Braut konnte sich sehen lassen, und dass der Bräutigam wortkarg und in sich gekehrt war und keine großen Worte machte, das führte man auf seine lange russische Kriegsgefangenschaft zurück oder man übersah es geflissentlich. Die Zeit für die harte Arbeit auf dem Hof wurde knapper, als zwei Kinder nacheinander kamen und ihre Pflege forderten. Als das dritte Kind zur Taufe getragen werden sollte, bestimmte der Vater als Termin den Aschermittwoch, der hier zu Lande als strenger Buß- und Fasttag gilt. Den Einwand der tiefgläubigen Mutter, die glaubte, ein solcher Tag sei nicht geeignet, ein Taufmahl zu halten, überhörte er – er blieb bei seiner Entscheidung. Und nun nahm das Verhängnis seinen Lauf. Alle geladenen Gäste, als erster der Ortsgeistliche, der die Taufe vornahm und der nach altem Brauch immer am Taufmahl teilnimmt, weil seine Teilnahme Glück und Segen bringe, weigerten sich, an dem Festmahl beim Dorfwirt teilzunehmen.

Diese Demütigung muss dieser Mann wohl schwer verkraftet haben, er, der niemals Widerrede duldete.

Was in ihm vorging, hat niemand erfahren, denn seit jenem Tag richtete er an seine Frau, die Mutter seiner Kinder, kein einziges Wort mehr! Seit acht langen Jahren weder ein gutes noch ein böses Wort. Die zwangsläufigen Fragen des Alltags lösten die Kinder, sie waren die Überbringer von Frage und Antwort. Eine schüchterne Anrede seiner Frau ließ ihn wortlos den Raum verlassen.

Meinen fragenden Blick zu dem Neugeborenen musste sie wohl richtig gedeutet haben, als sie sagte: »Ich weiß, was du denkst, aber das sind Dinge, über die ich niemals sprechen werde, ich nehme sie wohl besser mit ins Grab; sie sind eine einzige Beleidigung für mich.«

Ich glaube, sie hatte recht zu schweigen, verstehen wird dieses Verhalten ohnehin niemand. Ein Akt der Liebe und Zuneigung wird zur Kränkung, zur Demütigung, zur Qual.

In Gedanken versunken, trat ich den Heimweg an. Die Nacht war sternenklar und bitterkalt. Bei meinem Auto angekommen, erlebte ich eine neue Enttäuschung. Die klirrende Kälte von etwa minus 30 Grad nahm es übel, es sprang nicht an. Ich musste den weiten Weg nach Hause - ungefähr zehn Kilometer - zu Fuß zurücklegen, an Kleidung und Schuhen nicht ausgerüstet für einen solchen Marsch.

Zwei erfrorene Zehen erinnerten mich noch lange und schmerzhaft an diese Nacht.

5

Frühling hielt Einzug ins Land. An einem herrlichen Tag kamen Zigeuner mit ihren Planwagen, Pferden und Hunden und ließen sich am Waldrand in Ortsnähe nieder, sehr zum Unmut der Bevölkerung. Ich ahnte damals noch nicht, dass ich schon bald mit diesen Menschen konfrontiert werden würde. Wenn ich auf meinen Dienstfahrten an ihrem Lagerplatz vorbeifuhr, sah ich verwahrloste Kinder, abgemagerte Tiere, Armut, Not. Mit ihren dünnen Beinchen liefen mir diese Kinder jeden Tag entgegen, sobald sie meinen Wagen sahen, denn ich brachte ihnen immer etwas Essbares mit.

An einem Sonntagnachmittag stand einer dieser Zigeuner vor meiner Tür und erklärte mir, dass eine junge Frau meine Hilfe brauche, ich solle in ihr Lager kommen. Das Aussehen dieses Mannes war nicht gerade Vertrauen erweckend, und mit gemischten Gefühlen machte ich mich auf den Weg.

Die Kreißende konnte ich nicht sogleich wahrnehmen, ich musste mich erst von der Helle draußen an die Dunkelheit im Inneren des Wagens gewöhnen. Aber nun gewahrte ich schemenhaft auf einem Bündel Stroh in der Ecke eine Gestalt: eine junge Frau, erst 16 Jahre alt. Ihrem Gesichtsausdruck nach lag sie schon lange Zeit in den Wehen. Sie hatte ein deformiertes Becken, fast aussichtslos, auf natürlichem Wege dieses Kind zur Welt zu bringen. Ich erklärte den Umstehenden, dass es besser sei, in einem Krankenhaus die

Geburt durch Kaiserschnitt zu beenden. Aber strikte Ablehnung war die Antwort. Ich war ratlos. Die Wehen zogen sich endlos hin. Das einzige Ergebnis war eine immer größere Erschöpfung. Die Frau war geduldig, aber so hoffnungslos, wie eben ein Mensch in großer, beständiger Armut werden kann. Die Beckenverkrümmung rührte von einer früheren Rachitis her, die man nicht erkannt und nicht beachtet hatte. Ich konnte dieser jungen Frau nicht einmal Worte des Trostes sagen, denn sie verstand unsere Sprache nicht. Ähnlich einem kranken Tier erfasste sie jedoch instinktiv, dass etwas nicht stimmte. Sie schrie nicht. Aus der Tiefe des aschgrauen Gesichts starrten angstvoll die dunklen, weit geöffneten Augen. Ein qualvolles Ächzen kündigte an, dass das Schlimmste zu befürchten war. Mit einer normalen Geburt war nicht mehr zu rechnen. Die Frau war mit ihrer Kraft am Ende. Sie hatte sich selbst aufgegeben, lag in dumpfer Ergebenheit da, nicht gewillt, auch nur die leiseste Anstrengung zu machen. Es war schrecklich.

Meine wiederholte Forderung nach dem Krankenhaus scheiterte an der ganz entschiedenen Weigerung der Umstehenden, an der drohenden Haltung der Männer.

Wie ein Wink des Schicksals kam mir der rettende Gedanke. Der Mut der Verzweiflung ließ mich diese Haltung einnehmen. Ich stand auf und erklärte allen laut und deutlich, dass ich nun die Polizei verständigen würde, sonst müssten die junge Frau und das ungeborene Kind zugrunde gehen. Der ängstliche Ausdruck in den Augen aller bei dem Wort »Polizei« besagte, dass ich die richtigen Worte gefunden hatte.

Nach einer erfolgreich ausgeführten Sectio erblickte

ein kleines Mädchen das Licht der Welt. Als man den Angehörigen, die sich vor dem Krankenhaus versammelt hatten, dies mitteilte, gaben sie ihrer Verachtung für so ein unbedeutendes Wesen Ausdruck.

Mutter und Kind erholten sich erstaunlich schnell. Mit leisem Lächeln und zaghaftem Berühren meiner Hände gab mir die junge Mutter ihren Dank zu erkennen.

Aber nach einigen Tagen war ihr Bett leer. Auch das Kind war verschwunden und die ganze Familie mit ihrem Planwagen. Das Schicksal dieser jungen Mutter und das ihres so schwer erkämpften Kindes beschäftigte mich lange. Aber niemand hat je von ihnen gehört, niemand weiß, wohin sie gingen.

6

In unser stilles, verträumtes Kraiburg kam mit den Jahren Leben und Bewegung. Unsere Nachbargemeinde Waldkraiburg wurde ein beachtliches Industriegebiet. Es siedelten sich dort Menschen an, die zum großen Teil in den Wirrnissen des Krieges aus ihrer Heimat geflüchtet oder vertrieben worden waren. Sie lebten zumeist in Holzbaracken oder Betonbunkern, die während des Krieges als Munitionsdepots gedient hatten. Allmählich entstanden, wie aus dem Boden gestampft, Fabriken und Betriebe, die diesen Menschen Arbeit und Brot gaben. Ein reges Geschäftsleben setzte ein. Es entstanden Eigenheime, die in mühsamer Arbeit und mit sehr viel Fleiß an den Wochenenden und Feiertagen errichtet wurden. Ein rapider Aufschwung begann für dieses Waldkraiburg. Bald holte man Arbeiter aus Jugoslawien und Griechenland und ihnen folgten Türken, die sich mit ihren Familien bei uns niederließen. Sehr bald machte ich Bekanntschaft mit der Lebensweise dieser »Gastarbeiter«, wie man sie zu nennen pflegte.

Denn bald meldete sich die erste werdende Mutter, begleitet von ihrem türkischen Ehemann, der mir an Hand eines Kalenders den voraussichtlichen Geburtstermin zu verstehen gab. Er deutete auf ein bestimmtes Datum und sagte: »Hier fertig!«

Diese beiden Wörter sollte ich für lange Zeit immerwieder hören. Die Angabe des Geburtstermins dieser türkischen Mütter war erstaunlich genau, fast auf den

Tag genau. Später, als sich diese Frauen den hiesigen Gepflogenheiten anpassten und die ärztliche Schwangerenvorsorge wahrnahmen, gab es nun zwei Termine: einen vom Arzt errechneten, der es sehr häufig an Genauigkeit fehlen ließ, und einen anderen, den eigenen, der immer ganz genau stimmte. Wie dieses Rechenexempel zustande kam, habe ich nie genau erfahren.

Die Sprachprobleme erschwerten meine Arbeit sehr. Schließlich bemühte ich mich, das für mich Notwendige aus ihrer Sprache zu erlernen. Und nun ging alles recht gut. Doch die Gepflogenheiten der Osmanen kannte ich noch lange nicht! So brachten die werdenden Mütter, wenn die Geburt im Krankenhaus erfolgte, außer ihrem Ehemann alle erreichbaren Verwandten und Freunde mit, die, wie man mir sagte, indirekte Hilfe leisten sollten. Laut diskutierend warteten sie auf den Gängen des Krankenhauses auf den großen Augenblick um dann in ein Freudengeschrei auszubrechen. Was die Kreißenden betraf, so glaubten sie, es ihrer Mentalität schuldig zu sein, zu schreien und zu klagen, immer daraufbedacht, ihren Basortüsü, ihren Schleier festzuhalten, der ihr Gesicht bedeckte. Dass dieses Tuch bei derartigen Gelegenheiten fehl am Platze ist, konnte ich diesen Frauen lange nicht klarmachen.

Eines Nachts kam nun Frau Habibe Heromätakaglou, eine junge Türkin, die ihr drittes Kind erwartete, mit Gefolge an. Um diesem unaussprechlichen Nachnamen auszuweichen, nannten wir sie Frau Habibe. Still und ergeben folgte sie mir in den Kreißsaal, die Einrichtungen des Raumes ängstlich betrachtend.

Mit meinem geringen türkischen Wortschatz gelang es mir, ihr Vertrauen zu gewinnen und die Angst, die aus ihren Augen sprach, abzubauen. Die Anamnese versprach eine normale Geburt. Bei stärker einsetzenden Wehen gab sie ihrem Schmerz in voller Lautstärke Ausdruck. In einem unbeobachteten Augenblick verkroch sie sich unter das Bett und war nicht mehr zu bewegen, wieder hervorzukommen. Mit ihrem monotonen Ruf »Allah insallah«, immer und immer wieder, konnte sie einem schon auf den Nerv gehen, noch dazu da ich wusste, die Entbindung steht unmittelbar bevor. Mit Hilfe der diensthabenden Nachtschwester gelang es dann doch noch sie in ihr Bett zurückzubringen. Den tröstenden Worten der Schwester schenkte sie, wohl auch mangels Sprachkenntnis, keinerlei Beachtung.

Es war sicher ihrer Mentalität zuzuschreiben, dass die Kreißende aufgrund ihres Wehenschmerzes in eine Aggressivität verfiel, mit der wir nicht gerechnet hatten und die uns daher eine unangenehme Überraschung bescherte. Die tröstende Schwester Roberta wurde plötzlich mit einer Heftigkeit am Arm gepackt, dass Kragen und Ärmel ihres Kleides zerrissen. Die Fingernägel gruben sich in die Haut ein, aus der Blut sickerte. Gläser gingen zu Bruch, Instrumente fielen klirrend zu Boden. Ich weiß heute nicht mehr genau zu sagen, wer am meisten schrie: Frau Habibe, Schwester Roberta oder der kleine Ali, der soeben geboren worden war.

Was mich immer wieder erstaunte, war, dass es bei diesen Frauen so gut wie nie Schwierigkeiten in der Schwangerschaft, bei der Geburt oder im Wochenbett gab. Es lief alles meist reibungslos ab. Sie nährten ihre Kinder ausnahmslos selbst und meist sehr lange, und sie waren ganz besonders gute Mütter. Was die Pflege des Säuglings betraf, so beharrte man auf den eigenen, ungewöhnlichen Methoden. Ich konnte die Mütter nicht davon überzeugen, dass das Kind eine gewisse Bewegungsfreiheit braucht, um Kreislauf und Verdauung zu fördern. Statt dessen drückten diese Mütter die Knie des Säuglings durch, die Arme wurden an den Körper gepresst und so bandagierte man das Kind mit Windeln fest. Die Extremitäten sollten sich gerade entwickeln! Die jungen Mütter mit dem ersten Kind sahen meine Wickelmethode, sofern sie zur Geburt in das Krankenhaus kamen, durchaus ein. Zu Hause kam dann jedoch mit Sicherheit eine Tante, Cousine oder entfernte Verwandte, die das Kind wieder in diese Zwangslage brachte, damit, wie sie meinten, alles seine Richtigkeit hätte.

Im Laufe der Zeit änderte sich allerdings auch bei diesen Frauen einiges. Den Basortüsü sah man immer seltener. Die meisten waren in Kleidung und Haartracht kaum mehr von den hiesigen Frauen zu unterscheiden. Aber sie blieben dankbar und bescheiden, eine ihnen eigene, liebenswerte Charaktereigenschaft.

7

Die sprichwörtliche Mutterliebe, die soviel beschrieben und besungen wird, findet man nicht immer und nicht bei jeder Mutter. Auch harte und lieblose Frauen bekommen Kinder und bringen ihnen körperlichen und seelischen Schaden bei.

In einer stürmischen Herbstnacht erlebte ich eines der traurigsten Kapitel meines vierzigjährigen Berufslebens. Die Arbeit im Krankenhaus hatte ich beendet, als eine sehr junge Frau mit starken Blutungen eingeliefert wurde. Die weibliche Begleitperson übergab mir einen Beutel mit den Worten: »Das da drin ist abgegangen, mehr weiß ich nicht«, und verschwand. Beim Öffnen des Beutels kam eine Plazenta zum Vorschein, und bei näherer Betrachtung sah ich, dass sie nicht vollständig war. Ich fragte die junge Mutter, wo denn das Kind sei, denn ohne Kind gäbe es schließlich keine Nachgeburt. Die Antwort war kaum zu fassen: »Kind? Ich weiß nichts von einem Kind.«

Auf meine weiteren eindringlichen Fragen kam immer nur die Antwort: »Ich weiß es nicht, ich weiß nichts von einem Kind.« Mir war unheimlich zumute. Die Zeit drängte, denn die massive Blutung musste in Narkose beendet werden. Bis die Mutter aber wieder ansprechbar sein würde, würde mit höchster Wahrscheinlichkeit das Kind nicht mehr leben. Also musste man ein Leben gegen das andere setzen. Eine schwere Entscheidung! Aber das Schicksal war uns allen gnädig. Die Frau begann zu weinen und erklärte stotternd, dass sich das Kind im Kleiderschrank ihres Zimmers befände; sie nannte ihre Adresse. Nun ging alles sehr schnell. Die Sanitäter kamen noch rechtzeitig, um dieses arme Menschenkind zu retten, das in einem Schuhkarton dem Erstickungstod preisgegeben war.

Röchelnd, mit zahllosen blauen Flecken am ganzen Körper, dem Tode näher als dem Leben, kam es in meine Hände. Bei diesem Anblick waren wir alle erschüttert. Die Ärzte kämpften um das Leben dieses kleinen Buben. Leise wimmernd - ein Zeichen, dass ein Gehirntrauma vorlag - lag es in seinem Bettchen.

Am nächsten Tag erfuhr ich die traurige Lebensgeschichte dieser jungen Mutter. Noch nicht 17-jährig, schwanger, wurde sie von dem Mann, dem sie vertraute, dem Vater ihres Kindes, verlassen. Es gab kein Elternhaus, das ihr Schutz und Hilfe bieten konnte. Mutlos und verzweifelt gebar sie den kleinen Christian allein und ohne jegliche Hilfe.

Hier zu urteilen ist schwer. Ich möchte es anderen überlassen. Nicht freisprechen von Schuld kann ich jenen Mann, der das Vertrauen eines so jungen Mädchens missbrauchte, um sie dann in ihrer größten körperlichen und seelischen Not allein zu lassen.

Der Junge kam in ein Waisenhaus. Er wurde von seiner Mutter zur Adoption freigegeben.

8

Spätherbst. Rauhe Winde kündigten den Winter an. An einem dieser unwirtlichen Tage, es war gegen Morgen, kam Herr Kowalski und bat mich, nach der kleinen Mathilde zu sehen, die krank sei. Ich versuchte den sehr erregten Mann zu trösten und versprach, sofort zu kommen, obwohl ich glaubte, dass es sich in der Überängstlichkeit der Eltern sicher um eine Bagatelle handelte. Zu gut kannte ich ihre übergroße Sorge, was Klein-Mathilde betraf. Heiß ersehnt und innig geliebt, war sie nach langjähriger Ehe gekommen. Die Mutter war inzwischen Ende Dreißig. Dass ich von besorgten Eltern zu ihrem Kind geholt wurde, wenn es unpässlich war, wenn die Ohren schmerzten, der erste Zahn fiebrige Beschwerden machte, ein hartnäckiger Schnupfen nicht weichen wollte, das war nichts Besonderes.

Die Kowalskis waren nach dem Krieg aus Schlesien hierher gekommen. Sie wohnten am Ufer des Wildbaches, dort, wo nach wenigen Metern sein Lauf in die Fluten des Inns mündet. Das kleine Haus, im Sommer umrankt von Kletterrosen und wildem Wein, war eine Idylle, ein kleines Paradies, in dem die kleine Mathilde aufwachsen sollte, wohlbehütet und umsorgt. Daran musste ich auf dem Weg dorthin denken. Aber das Erlebnis der kommenden Stunden werde ich nie vergessen.Frau Kowalski saß am Bett ihres kranken Kindes, mit blassem, übernächtigtem Gesicht und tiefliegenden Augen. Sie sprach kaum ein Wort. In tiefer Sorge sah sie auf ihr Kind, das mit roten Fieberflecken ohne

Bewusstsein in den Kissen lag. Mit Entsetzen sah ich auf dieses schwere Krankheitsbild. Auf meine Frage: »Haben Sie denn noch keinen Arzt verständigt?«, antwortete Herr Kowalski: »Doch, schon zweimal heute Nacht. Er gab mir Medikamente und Ratschläge mit, aber Krankenbesuch machte er keinen.« Frau Kowalski konsultierte bei jeder Kleinigkeit, was Mathilde betraf, den Arzt. Und hier war wohl des Rätsels Lösung für das Verhalten des Arztes zu finden.

»Hier muss sofort ärztliche Hilfe geholt werden, ehe es zu spät ist«, sagte ich. Voller Sorge meinte Herr Kowalski: »Und wenn er wieder nicht kommt?« – »Er wird kommen«, antwortete ich, »wenn Sie ihm sagen, dass ich ihn hier dringend erwarte und dass es sehr eilig sei.«

Der Atem des todkranken Kindes ging unregelmäßig, stoßweise. Und ich befürchtete, dass hier jede Hilfe zu spät kommen würde. Mit leichenblassem Gesicht verharrte die Mutter lautlos, nicht fähig, auch nur ein Wort zu sprechen. Ich hörte auf jedes Geräusch, das den Arzt ankündigen könnte, aber nur der röchelnde Atem des Kindes war hörbar. Die Minuten dehnten sich zu einer Ewigkeit, doch als endlich der Arzt das Zimmer betrat, tat die kleine Mathilde ihren letzten Atemzug. Der Vater hatte das Glück, weinen zu können. Die Mutter, jeglicher Tränen unfähig, blickte nur stumm und starr auf ihr Kind, das ihr alles bedeutet hatte und das nun tot war. Ein Jahr, eine Woche und ein Tag, so kurz war der Lebensweg der kleinen Mathilde. Sie brachte ihren Eltern höchstes Glück und nun unbeschreiblich tiefes Leid.

Unwillkürlich musste ich an den kleinen Christian denken, der einige Tage zuvor einen so schweren

Kampf mit dem Tode geführt hatte. Dieses Kind war Sieger geblieben, obwohl von niemandem geliebt und vor einer ungewissen Zukunft stehend.

Wie soll man Gott noch verstehen?

Nach den ersten schweren Tagen suchte ich Frau Kowalski auf, um ihr ein paar Worte des Trostes zu sagen. Wie aus tiefer Lethargie erwachend, begann sie zu sprechen: »Wie kann mich Gott nur so schwer bestrafen, dieser grausame Gott. Ich zweifle an seiner Existenz, denn sonst hätte er mir nicht das Liebste nehmen können, das ich besaß.« Als ich ihr sagte, dass man Gottes Willen wohl nie verstehen werde, hatte sie taube Ohren für diesen vermeintlichen Trost. Stumm und apathisch saß sie vor dem Laufstall ihres Kindes, der immer noch existierte, und betrachtete die Fingerabdrücke von Mathilde, die sich auf der Tischdecke abzeichneten. Den Abdruck dieser fünf kleinen Finger hütete sie wie ihren Augapfel, niemand durfte sich der Decke nähern. Ich sagte ihr, dass sie so nicht weiterleben könne, sie müsse sich wieder dem Leben zuwenden. »Die vielen jungen Männer, die im Krieg ihr Leben verloren haben, die Kinder, die im Bombenhagel starben, auch diesen Müttern erging es nicht anders. Es gibt immer wieder einen neuen Anfang.« Ich sagte ihr, dass wir nun gemeinsam die Fingerabdrücke löschen und den Laufstall verwahren würden, denn sicher würde sie ihn noch einmal brauchen. Aber das war ein Wunschgedanke meinerseits. Kindersegen gab es bei den Kowalskis keinen mehr.

An diesem Schicksalsschlag zerbrach nicht nur sie selbst, auch ihre Ehe ging in die Brüche. Herr Kowalski zog fort in die Stadt, aber Frau Kowalski blieb im Ort, um ihrem toten Kind nahe zu sein, wie sie sagte.

Grau und müde geworden, sehe ich sie heute noch oft den Weg zum Friedhof gehen, schleppenden Schrittes. Dort oben hält sie Zwiesprache mit ihrem toten Kind, dem ihre ganze Liebe gilt.

9

Nebel, Schnee und Glatteis, das waren meine Feinde, wenn ich über Land gerufen wurde. Auch an jenem Tag, als es bei der Huberbäuerin in Steinbach wieder einmal soweit war, machten mir die Witterungsverhältnisse sehr zu schaffen. Nachts begann es heftig zu schneien und gegen Morgen verwandelte sich der Schnee zu Regen. Das Ergebnis war Schneematsch, der das Vorwärtskommen sehr erschwerte. Die letzten 200 Meter musste ich zu Fuß zurücklegen, denn die beachtliche Steigung hinauf zum Huberhof war meinem kleinen Wagen ganz einfach zuviel. Ich gab die Fahrt auf und verließ mich, wie schon so oft, auf meine Füße.

Hans, der Bruder der Bäuerin, etwas unbeholfen in seiner Art, sah mich kommen und öffnete mir. Er trug immer noch den Arm in der Schlinge und sein Gang war langsam und hinkend. Der Schlüsselbeinbruch und das verletzte Bein rührten von einem Unfall im vorherigen Herbst her, als er den Kirschbaum im großen Obstgarten zuschneiden wollte. Dabei passierte das Missgeschick. Hans, mit Geistesgaben nicht gerade reich ausgestattet, bemerkte nicht, dass er den Ast absägte, auf dem er saß. Schwere Verletzungen beim Aufprall waren die Folgen.

Freundlich wie immer, sagte er: »Grüß Gott, Frau Hebamme, der Bauer ist auf dem Viehmarkt in Rosenheim.« – »So, so«, meinte ich, »für mich ist aber die Bäuerin wichtiger als der Bauer.« Treuherzig antwortete er: »Ja mei, i sag dir's halt, damits di auskennst. D' Mutter is schon drin. Wennst mi brauchst, sagst mir's halt.« Die Örtlichkeiten des Hauses kannte ich bereits, kam ich doch nun schon das sechste Mal zur Huberbäuerin. Fünf Mädchen waren auf dem Hof, alle gesund und wohlgeformt, aber eben nur Mädchen. Und nun erwartete man, wie sollte es anders sein, wieder einmal den Hoferben.

Die alte Mutter, die Schwiegermutter der jungen Bäuerin, kam aus der Küche, sich die Hände an der Schürze abtrocknend, und sagte: »Jetzt kommst halt schon wieder, warst eh schon fünfmal da, und lauter Madln bringst, es is ein Kreuz. I versteh's net, wia kann ma bloß lauter Madln kriagn. Verstehst du das? Du musst es eigentlich wisse.« Aber ich musste passen und sagte ihr: »Nein, Huberbäuerin, leider weiß ich das auch nicht. Aber fünf gesunde, fröhliche Mädchen, das ist doch sehr viel Glück! Irgendwann kommt noch der Bub, wirst schon sehen.« – »Na ja«, meinte sie, »der Herrgott wird's wissen. Die Resi ist da drin, du weißt es eh, und da hab ich dir zwei alte Roßdecken hinglegt, weilst fürs Bett immer was brauchst, die san guat gnua für den Zweck.« Als ich ihr zu verstehen gab, dass ich alte Pferdedecken nicht brauchen könne und sie sie wieder mitnehmen solle, meinte sie: »Ja, ja, der Krieg hat olles verändert, des hat's früher net gebn.«

In der elterlichen Schlafstube hatte die junge Bäuerin, eine aufgeschlossene junge Frau, alles gut vorbereitet. Saubere Tücher, Waschgelegenheit, Handtücher, warmes und kaltes Wasser. Sie selbst saß am Bettrand, strümpfestopfend. Die Wehen waren kräftig und die Pausen wurden immer kürzer. Mit dem

Strümpfestopfen war es bald zu Ende. »Weißt«, sagte sie nun, »ich spür's schon die ganze Nacht, aber mein Mann wollte unbedingt zum Viehmarkt, und da hab ich nichts gsagt, weil i mir denkt hab, helfen kann er mir eh net; Hauptsach, d' Hebamm kommt, des is wichtig.«

Ohne zu klagen und zu jammern, nahm die werdende Mutter schicksalsergeben den Wehenschmerz hin. Dem Leibesumfang nach würde es ein kräftiges Kind werden. Nach weiteren zwei Stunden intensiver Wehentätigkeit war er da, der Stammhalter, der Hoferbe. Zehn Pfund schwer. Schweißgebadet, aber überglücklich nahm die Mutter ihr Kind in den Arm in der Gewissheit, mit der Geburt des Hoferben ihre Pflicht getan zu haben.

Da kam die alte Huberbäuerin, Tränen in den Augen, und sagte immer wieder: »Mei, de Freud, dass i des no erlebn derf.« Und Hans, der hinter dem Kachelofen auf der Bank den großen Augenblick erwartete und sichtlich nervös auf einem Strohhalm herumbiss, bekreuzte sich, als er die freudige Nachricht vernahm, und sagte: »Herr, vergelt's Gott, a Bua is.«

Als später der Bauer das Schlafzimmer betrat, strich er seiner Frau ganz sachte über die Stirn, ein hierzulande sehr beachtlicher Liebesbeweis, und sagte: »Ein Madl wär mir grad so recht gwesen.« Aber sein strahlendes Gesicht strafte ihn Lügen.

Heute ist der Franzi der junge Bauer vom Huberhof in Steinbach. Das Problem der männlichen Erbfolge hatte er nicht, denn seine Bäuerin schenkte ihm als erstes Kind einen Stammhalter, und ich durfte auch diesem Hoferben zum Leben verhelfen.

10

Ein herrlicher Sommertag. Friedvoll graste das Vieh auf der Weide und die schweren goldenen Ähren des Korns versprachen eine große Ernte. Auf einer Waldlichtung ästen Rehe, ab und zu ängstlich um sich blickend. Ruhe und Stille an diesem frühen Morgen, als ich auf dem Weg zu einer werdenden Mutter war. Ich kannte das kleine Gehöft der Haberthalers, eine Einöde direkt am Waldrand; allen drei Kindern hatte ich zum Leben verholfen. Aber nun wurde ich nicht zur Bäuerin gerufen, sondern zu ihrer Schwester, der Kathie. Sie litt, so sagte man mir, seit Tagen an krampfartigen Bauchschmerzen, die, wie Kathie meinte, durch ein Myom verursacht würden. Aber ihrer Schwester, der Liese, kam die Sache nicht ganz geheuer vor und sie war der Ansicht, es wäre besser, wenn ich nachsehen käme, für alle Fälle.

Bei meinem Eintreffen in Haberthal war das Rätsel bereits gelöst, ein kleines Mädchen hatte es plötzlich sehr eilig, an das Licht dieser Welt zu kommen. Wortlos und völlig verstört lag die junge Mutter in den Kissen, nicht fähig, auch nur ein Wort zu sprechen. Ich durchtrennte die Nabelschnur und hob das Kind hoch, um es ihr zu zeigen. Doch keine Reaktion der Freude oder Erleichterung, im Gegenteil, die Mutter fing plötzlich wie im Schock zu schreien an um anschließend in heftiges Weinen auszubrechen. Alle gut gemeintenTrostworte schien sie nicht zur Kenntnis zu nehmen. Als ich ihr das Kind in den Arm legen wollte, wies sie es von sich und weinte, weinte. Ich war ratlos. Was mochte wohl der Grund für diesen Nervenschock sein? Auch die Schwester wusste keine Erklärung.

Die Kleine aber lag rosig und selbstzufrieden in ihrem Bettchen, lutschte an ihrem Daumen und schien gesund zu sein. Alle Aufregungen ringsherum kümmerten sie herzlich wenig. Sie war ein gut ausgetragenes Kind mit rotblondem Haar, das sich im Nacken zu kleinen Löckchen kräuselte. Das eine Ohrläppchen war angewachsen, während sich das andere normal entwickelt hatte. Eine unbedeutende Kleinigkeit aber sie fiel mir auf. Dass dieses Merkmal mich etwas später noch sehr belasten würde, ahnte ich damals noch nicht.

Um die Mittagszeit trat ich den Heimweg an. Meine Gedanken kreisten unentwegt um die Vorgänge der vergangenen Stunden. Das Verhalten dieser unehelichen Mutter war mir unerklärlich. Kathie stand doch fest mit beiden Beinen im Leben. Sie hatte ein geordnetes Elternhaus, ihr Arbeitgeber in der kleinen Kreisstadt schätzte sie als fleißige, zuverlässige Kraft, und was nun das Kind betraf, konnte es in der Familie ihrer Schwester mit deren Kindern aufwachsen. Haberthal war nicht gerade einer der größten Höfe, aber er ernährte seine Besitzer sehr wohl, es war ein bescheidener Wohlstand vorhanden. Es bestand demnach, scheinbar, kein Grund zur Verzweiflung. Aber warum lehnte diese Mutter ihr Kind so entschieden und, wie ich meinte, grundlos ab? Der Umstand, dass das Kind unehelich geboren wurde, rechtfertigte keineswegs eine solche Haltung. Mit ganz wenig Ausnahmen nehmen doch auch ledige Mütter ihr Kind ans Herz und liebkosen es.

Als ich am nächsten Tag zur Wochenpflege in Haberthal ankam, sah mir Kathie stumm, mit großen verweinten Augen entgegen. Ich sagte zu ihr: »Gewiss wäre alles sehr viel leichter für dich, wenn du dich mir anvertrauen könntest. Kannst du mir nicht sagen, was sich ereignet hat?« Aber statt einer Antwort stellte sie eine Frage: »Kannst du mir sagen, ob man auch ohne Mann ein Kind bekommen kann?« Diese Frage überraschte mich natürlich sehr, und ich antwortete: »Das wissen wir doch beide, du und ich, dass dies unmöglich ist, denn dazu gehören nun einmal Mann und Frau. Aber was willst du mit dieser Frage sagen?«

»Ja«, meinte sie, »bei mir war es aber so, ich war mit keinem Mann zusammen, ich schwöre es, wie kam ich dann zu einem Kind?« Nun verschlug es mir endgültig die Sprache, doch sie redete weiter: »Wenn ich das wüsste, könnte ich mich damit abfinden, aber ich weiß es nicht. Ich weiß nur, dass ich mit keinem Mann intim war. Du kannst mir glauben oder nicht, es ist die Wahrheit.« Und sie erzählte weiter, dass das Ausbleiben der monatlichen Regel sie keineswegs beunruhigt habe, da eine Schwangerschaft, wie sie glaubte, nicht in Frage käme. Und weiter meinte sie: »Schau doch einmal nach in deinen Büchern, ob es so etwas schon gegeben hat, irgendwo steht das sicher geschrieben.«

Einen solchen Fall hatte ich bis dahin noch nicht erlebt. Das Besondere an ihm war, dass ich mir mit der großen Menschenkenntnis, die ich inzwischen erworben hatte, sagen musste, dass Kathi nicht log. Wie aber war es dann zu diesem unglaublichen Ereignis gekommen?

Die kleine Elisabeth jedenfalls wurde von allen im Haus, außer von ihrer Mutter, geliebt. Sie machte keinerlei Sorgen. Die erste Nahrungsaufnahme eines

Kindes betrachte ich immer als Intelligenztest. Elisabeth bestand ihn mit Bravour. Sie erfasste rasch, worauf es ankommt, und trank mit kräftigen Zügen aus der Flasche, weil die Mutter sich weigerte, ihr Kind zu stillen.

Nach einer Woche spätestens musste die Kleine beim Standesamt behördlich gemeldet werden. Bei unehelichen Kindern hatte das die Hebamme zu tun. Der Bürgermeister der kleinen Gemeinde nahm die Eintragungen in das Standesamtsregister vor, als ich mich an einem Vormittag in seiner Amtsstube, die zugleich die bäuerliche Wohnstube war, eingefunden hatte. Die Frau des Bürgermeisters ließ mich in der Stube warten, bis sie ihren Mann mit der Dachglocke des Hauses vom Feld geholt hatte. Die Zeit wurde nicht lang, denn die Frau Bürgermeister kannte alle Neuigkeiten der näheren und auch weiteren Umgebung. Auch die Ereignisse in Haberthal waren ihr zu Ohren gekommen, aber leider nur teilweise; den Vater des Neugeborenen kannte auch sie nicht. Als sie in dieser Beziehung auch von mir nichts erfahren konnte, begann sie ein allgemeines Gespräch. Wie schwer die Bürde eines Bürgermeisters doch wäre, es gäbe Wochen, da müsste er oft drei- bis viermal seine Unterschrift leisten, was für eine Plage das sei, und außerdem gäbe es so viel zu denken für ihn, ja man könne schon sagen, so ein Mann brauche einen Kopf wie ein Elefant. Die Arbeit auf dem Hof und den Feldern sei da gar nichts dagegen. Und zum Abschluss ihrer Rede philosophierte sie: »Ja, ja, es is a Kreuz, wenn ma 's Hirn aa so strapazieren muss.«

Nun kam der Bürgermeister vom Feld herein, um die kleine Elisabeth in das Standesamtsregister aufzunehmen. Man redete vom Wetter und den schlechten Zeiten, um dann umständlich und bedächtig alles Notwendige herzuholen. Das Tintenfass in die Mitte stellend, prüfte er mit seiner Zunge die Feder auf ihre Funktionstüchtigkeit. Die Frau Bürgermeister verließ die Stube, ließ aber die Tür einen Spalt offen, um vielleicht so die Lösung des Rätsels zu erfahren. Ich schloß die Tür, wobei mich ihr strafender Blick traf. Nach den üblichen Angaben kam die Frage nach dem Vater des Kindes. »Ja«, meinte das Gemeindeoberhaupt, »das ist immer schwierig, kennt man den Mann, oder muss ich schreiben: ›Vater unbekannt?‹« Ich erklärte, dass es besser sei zu vermerken: »Hierzu werden von seiten der Mutter keine Angaben gemacht.« Er fand diese Angabe gut und brauchbar, und mit seiner und meiner Unterschrift sowie dem Stempel der Gemeinde Hinterbichl war die kleine Elisabeth Anzenhuber nun auch behördlich anerkanntes Gemeindemitglied.

Wochen vergingen. Elisabeths Taufe verzögerte sich immer wieder. Zum einen war die Ernte in vollem Gang, zum anderen erkrankte Liese, die vorgesehene Patin. Als man dann nicht mehr länger warten wollte, sollte ich allein das Kind zur Taufe tragen, denn eine uneheliche Mutter ging niemals mit zur Kirche. So war es Brauch und daran wurde nicht gerüttelt.

Jetzt sah ich sie wieder, die kleine Elisabeth: Zwei lebhafte braune Augen, ein Kontrast zu dem rotblonden Haar, blickten interessiert in die Welt. Die kleinen Löckchen kräuselten sich noch mehr im Nacken. Sie brachte schon ein kleines Lächeln zustande, das jeden erfreute. Kein Gesicht, das der Mutter glich. Es waren fremde Züge.

Für einen Wochentag war die Taufe festgesetzt, und zwar um die Mittagszeit, weil da so gut wie niemand unterwegs war. Der Dorfplatz war menschenleer, als ich mit dem Täufling die Kirche betrat. Die Zeremonie war kurz, was hätte der Herr Pfarrer mir allein schon sagen sollen, und Taufgäste gab es keine.

Beim Verlassen der Kirche sah ich, wie drüben beim Dorfwirt unter den großen Kastanienbäumen ein schneller Wagen hielt. Herr M. aus der nahe gelegenen Kreisstadt stieg aus. Das war nichts Besonderes, Herr M. war überall anzutreffen – ein Hallodri, aber auch ein gerissener Geschäftsmann, der mit allem und jedem Handel trieb. Er kaufte und verkaufte und seine Geschäfte liefen gut. Dass sie manchmal nicht ganz durchsichtig waren, war ebenso bekannt wie seine amourösen Abenteuer. Sein Redetalent war beachtlich und er verstand es, diese Fähigkeit im geschäftlichen wie im privaten Bereich einzusetzen.

An dies musste ich denken, als Herr M. gewandt und selbstsicher auf mich zukam. Er grüßte höflich und sagte: »So, so, ist in Haberthal heute Taufe?« Dabei steckte er einen Geldschein in das Kissen. Das war nicht ungewöhnlich bei solch einem Anlass nur die Höhe des Betrages erschien mir für einen Unbeteiligten nicht angemessen. »Haben sie Gründe für ein so großes Geschenk?« Verlegenheit kannte dieser Mann nicht, und er antwortete: »Man kann auch einmal ein gutes Werk tun, und die armen Teufel da hinten in Haberthal können es sicher gebrauchen.« Dabei zupfte er nervös an einem Ohrläppchen. Die Geste verriet eine leichte Unsicherheit. Erstaunt registrierte ich: Dieses Ohrläppchen war normal, während das andere angewachsen war. Das Haar war schon etwas schütter, aber im Nacken kräuselten sich kleine rotblonde Locken. Zwei lebhafte braune Augen verrieten Intelligenz und Selbstbewusstsein. Mit der Bitte, den großzügigen Geldgeber nicht zu nennen, verabschiedete sich Herr M., eine Spur zu hastig, aber höflich wie immer.

Elisabeth gedieh prächtig. Sie war der Sonnenschein in Haberthal. Ihre Frohnatur und ihr Lächeln erreichten, dass auch ihre Mutter sie ins Herz schloss. Eine innige Zweisamkeit verband später die beiden.

Nach einigen Jahren heiratete Kathie in ein kleines Gütl nach Lohberg. Jakob Hinterwimmer, ihr Mann, schätzt und achtet sie. Er fragt nie nach Elisabeths Herkunft. Wenn Kathie das Gespräch darauf bringen möchte, wehrt er ab und sagt: »Lass die alten Geschichten ruhen. Hauptsach, du bist hier.« Große Worte liegen diesem Mann nicht.

Kathies drei Buben sind der Mutter wie aus dem Gesicht geschnitten. Elisabeth fiel in der Schule wegen ihrer schnellen Auffassungsgabe und ihrer ungewöhnlichen Intelligenz auf. Der Lehrer meinte, eine höhere Schule und später ein Studium wären das Richtige für sie. Aber die Eltern wehrten ab und meinten: »Für uns kleine Leute passt das nicht, Volksschule genügt.« Elisabeth absolvierte später die Krankenschwesternschule als eine der Besten und wurde eine gefragte Operationsschwester. In Abendkursen machte sie ein glänzendes Abitur und ist heute wissenschaftlich auf dem Gebiet der Vererbungslehre tätig.

Nach Haberthal kam ich noch einmal um einem kleinen Mädchen zum Leben zu verhelfen. Dabei erfuhr ich, dass Herrn M. sein schneller Wagen zum tödlichen Verhängnis wurde. Sein Geheimnis nahm er mit in den Tod und ich glaube, es ist gut so.

11

Es waren die Tage vor dem Kirchweihfest, ein hier zulande festliches Ereignis, im religiösen wie im weltlichen Sinn. Die Vorbereitungen waren in allen Häusern im Gange, als an einem frühen Morgen ein junges Mädchen völlig erschöpft im Krankenhaus ankam. Sie erwartete ein Kind und hatte den elf Kilometer langen Weg nach Kraiburg zu Fuß angetreten. Mehrere Stunden war sie gegangen, denn bei jeder Wehe musste sie stehen bleiben. Die 17-jährige stand völlig allein und befand sich in bäuerlichen Diensten. Als sie glaubte, einen Menschen gefunden zu haben, der zu ihr gehören sollte, wurde sie bitter enttäuscht. Für Ursula war das besonders schwer, weil sie niemanden hatte, der sich ihrer annahm. Die Bauersleute, bei denen sie arbeitete, hatten kein Verständnis für ihre beschwerliche Schwangerschaft und deren Begleiterscheinungen.

Die Wehen hatten schon seit Stunden eingesetzt, doch nun war sie in meinen Händen. Sie wirkte apathisch, ihre Augen waren voller Trauer. Ich versuchte ihr Mut zuzusprechen, aber sie schien meine Worte nicht zu hören. Sie sprach kaum mehr als »ja« und »nein« und ihre Stimme war leise. In sich gekehrt, ließ sie den Wehenschmerz über sich ergehen, ohne Laut und ohne Klage. Mir kam ihr Verhalten seltsam vor. Die Wehen zogen sich lange hin, die Geburt war schwer, der abgerackerte Körper gab sein Letztes her. Ich wischte ihr den Schweißvon der Stirn und massierte ihren Rücken, um den Schmerz erträglicher zu machen. Und plötzlich begann sie von sich aus zu sprechen, wobei sie einen Punkt an der Wand fixierte, als sie sagte: »Martin war der erste Mann in meinem Leben, er hat mir die Heirat versprochen, und ich habe ihm geglaubt, aber er hat mich jämmerlich im Stich gelassen. Ich kann es nicht verstehen. Wie kann ein Mensch so grausam sein?« Sie redete leise, monoton, wie zu sich selbst, als sie fortfuhr: »Er soll kein Glück mehr haben in seinem Leben, nie mehr!« Diesen Satz wiederholte sie noch einige Male, jeweils in der Wehenpause. Ich schenkte diesen Worten keine allzu große Bedeutung, denn in Stunden größter Schmerzen sagen Frauen manchmal Dinge, die sie sonst nicht aussprechen würden.

Ein Tag und eine Nacht gingen zu Ende, und als es wieder zu dämmern anfing, tat ein kleiner Bub den ersten Schrei. Rosig und lebensfrisch, so schien es. Nach der Durchtrennung der Nabelschnur sollte nun das eigenständige Leben des Kindes beginnen. Aber dieses Kind wollte nicht leben. Es hörte zu atmen auf, als es von der Mutter getrennt wurde. Alle Bemühungen, auch von Seiten der Ärzte, hatten keinen Erfolg. Hilflos mussten wir zusehen, wie dieses Leben, das kaum begonnen hatte, in unseren Händen erlosch. Wir standen vor einem Rätsel. Eine Obduktion hätte dieses Rätsel gelöst. Aber wem würde das etwas nützen? Als auch die Mutter dies ablehnte, blieb die Todesursache für immer ungeklärt. Ursula verließ nach einer Woche das Krankenhaus, um wieder zu ihrem Arbeitsplatz zurückzukehren. Ich hörte lange nichts mehr von ihr. Aber nach einigen Jahren wurde mir die traurige Begebenheit mit Ursula wieder ins Gedächtnis gerufen.

Martin, inzwischen ein wohl situierter Geschäftsmann in Schönbrunn, heiratete mit großem Aufwand und viel Aufsehen eine angesehene Bürgerstochter aus Riedberg. Marianne Haifinger, ein sehr hübsches, liebenswertes Mädchen, war nun die Frau von Herrn Axenbeck. Eine glückliche Verbindung, wie man glaubte. Aber Kindersegen wollte sich nicht einstellen. Als man dann mehrere Ärzte konsultierte, stellte sich doch noch Erfolg ein. Überglücklich meldete Frau Axenbeck sich bei mir, obwohl die Geburt erst in sechs Monaten sein würde. Aber die übergroße Freude ließ die Frau nicht länger warten.

Nach zwei Wochen sah ich sie wieder. Eine Fehlgeburt zerstörte ihr großes Glück. Noch zweimal verlor sie ihre Kinder, mit jedem Mal wuchs ihre Verzweiflung. Als letzten Ausweg sah sie eine Wallfahrt nach Altötting.

Fast schien es, als ob von dort die rettende Hilfe kommen würde. Sie konnte dieses Mal ihr Kind bis kurz vor dem errechneten Termin austragen. Es war absolut lebensfähig, als die Wehen begannen, regelmäßige kindliche Herztöne sprachen dafür. Ich freute mich mit der jungen Mutter, dass sie nun bald das heiß ersehnte und schwer erkämpfte Kind in die Arme würde nehmen können. Aber was sich dann ereignete, ließ mir den Atem stocken. Dieses Wesen, das hier geboren wurde, war kein Mensch, das war eine Missgeburt in ausgeprägtesten Form. Anenzephalus heißt dieses Wesen in der medizinischen Sprache, was soviel wie »Froschkopf« bedeutet. Dem Kopf fehlte die Stirn, und zwei große hervorstehende Augen, die an einen Frosch erinnerten, starrten ins Leere. An Stelle der Schädeldecke befand sich ein blaurotes wulstiges Gebilde.

Überlange Arme und Beine baumelten am Körper. Die drei Finger und Zehen waren mit Schwimmhäuten miteinander verbunden. Ein geschlechtsloses Wesen. Es war schrecklich! Nach wenigen Atemzügen starb es. Eine so extreme Missbildung des Kindes spricht nicht dafür, es der Mutter zu zeigen, ein Schock wäre die Folge. Der Vater aber bestand darauf, es zu sehen. Kreideweiß, das Entsetzen im Gesicht, sah er auf dieses Wesen, das sein Kind sein sollte. Wortlos ging er aus dem Raum, um viele Jahre älter geworden.

Wieder um eine Hoffnung ärmer, verließ Frau Axenbeck nach wenigen Tagen das Krankenhaus. Zu Hause verfiel sie in tiefe Depressionen. Das Verhalten ihrer zänkischen Schwiegermutter machte alles nur noch schlimmer. Als ich an einem Vormittag zur üblichen Wochenpflege kam, wurde ich unfreiwillig Zeuge eines Gesprächs zwischen Mutter und Sohn. Da fielen Worte aus dem Mund der Mutter wie: »Sie ist zu nichts zu gebrauchen, selbst zum Kinderkriegen ist sie unnütz.« Mein Erscheinen ließ sie verstummen. Tiefes Mitleid erfasste mich mit dieser jungen Frau, die meist im abgedunkelten Raum ihren Gedanken nachhing. Hier zu helfen war unmöglich.

Eines Tages, auf einem meiner Dienstwege, begegnete ich Ursula. Lachend kam sie auf mich zu und berichtete, dass sie vor kurzem geheiratet hätte und sehr glücklich sei. Das Gespräch kam auch auf Martin. Sie hatte von den Ereignissen bei den Axenbecks gehört, und wörtlich sagte sie. »Er hat genug gelitten für das, was er mir angetan hat. Es tut mir leid, dass auch Marianne davon betroffen war.« – »Ja«, meinte ich, »sie könnte, weiß Gott, ein wenig Glück gebrauchen.« Zum Abschied reichte sie mir die Hand, und dabei sagte sie: »Wenn du wieder zu den Axenbecks kommst, dann sage dem Martin, dass ich ihm verziehen habe.«

Frau Marianne erholte sich nur langsam von den unglücklichen Ereignissen. Ihre Schwiegermutter machte ihr nach wie vor das Leben schwer und sie litt sehr darunter. Vor einer erneuten Schwangerschaft hatte sie panische Angst, es könnte sich alles wiederholen. Aber Kinder kommen manchmal auch ungewollt, und so auch bei den Axenbecks.

Abermals stand das Kirchweihfest vor der Tür, als ich zu Frau Marianne geholt wurde, welche dieses Mal bei der Geburt zu Hause bleiben wollte. Eine nahe Verwandte, die in Kranken- und Säuglingspflege Erfahrung hatte, übernahm die Wochenpflege. Die Wehen waren kräftig und so hofften wir auf ein baldiges und vor allem auf ein gutes Ende. Ich spürte, wie alle den Atem anhielten in der Hoffnung auf ein gesundes Kind.

Als es auf dem nahen Kirchturm die dritte Morgenstunde schlug, begrüßte ein kleines, gesundes Mädchen mit kräftigem Schrei diese Welt. Ein »Herr, vergelt's Gott tausendmal«, hörte ich Frau Marianne sagen, und Herr Axenbeck wischte seiner Frau ganz behutsam den Schweiß von der Stirn: »Ich danke dir, Marianne.« Auch Frau Axenbeck senior nahm erfreut die Nachricht auf, um aber noch hinzuzufügen: »Naja, ein Mädchen, besser als nichts.« Um die Großmutter versöhnlich zu stimmen, erhielt die Kleine ihren Namen: Antonie.

Bleibt noch zu sagen, dass die kleine Antonie der erklärte Liebling der Großmutter wurde. Auch das Kind hing mit inniger Liebe an ihr. Die zwei gesunden

Buben, die später noch dazukamen, nahm die Oma mit Wohlwollen zur Kenntnis. Ihr Liebling aber blieb Antonie.

Die Ereignisse in und um das Haus Axenbeck sind wohl seltener Natur. Schicksal? Zufall? Oder gibt es wirklich Dinge zwischen Himmel und Erde, die wir nicht begreifen? Wer kann das wissen?

12

Die Tage vor Allerheiligen. Ein tristes Wetter. Undurchdringlicher Nebel, als ich nachts zu einer werdenden Mutter gerufen wurde. Ich fuhr im Schrittempo, immer darauf achtend, nicht die Einbiegung nach Waldkraiburg zu übersehen. Am entgegengesetzten Ortsrand befanden sich einige Notbaracken, die von Menschen bewohnt wurden, die nicht in der Lage waren sich eine bessere Wohnmöglichkeit zu schaffen.

Eine dieser trostlosen Behausungen bewohnte Familie Kruse und hier war ich am Ziel. Es gab kein elektrisches Licht, nur eine trübe Öllaterne, die rauchend an der Wand hing; Wasser holte man aus dem entlegenen Brunnen, dessen Pumpe mit viel Kraftaufwendung in Bewegung gesetzt werden musste. Die junge Frau erwartete ihr erstes Kind und Mutter, Großmutter, Schwester und Schwägerin bemühten sich gestikulierend um die werdende Mutter. Ein Bett, das aus schmutziger, gebrauchter Wäsche und so etwas wie Federkissen bestand, präsentierte sich samt Kreißender im kalten, ungemütlichen Raum.

Drei kleine Hunde, zwei Katzen und ein Kanarienvogel vervollständigten die Mieterschaft. Es war trostlos! Auf meine Frage, ob es denn keinen Ofen gäbe, der wenigstens etwas Wärme abgeben würde, versuchten Mutter und Großmutter den Ofen mit Pappe und Reisig anzubringen. Aber das einzige Ergebnis ihrer Bemühungen waren Qualm und Gestank. Der beißende Rauch trieb einem das Wasser in die Augen, und die Sicht im Raum war schlechter als draußen in der Nebelsuppe. Als sie mir mitteilten, dass sie das Heizen einstellen müssten, weil kein Brennmaterial mehr im Hause sei, war ich erleichtert, denn nun konnte man wenigstens wieder frei atmen!

Die im Raum weilenden Frauen, allen voran die Mutter, versuchten mit nützlichen, »verwandtschaftlichen« Ratschlägen die Schwangere zu beeinflussen. Bei stärker einsetzenden Wehen glaubten sie mit Geschrei, welches das der Kreißenden übertraf, die Wehen zu vermindern und den Geburtsverlauf abzukürzen. Meine Bitte, mich mit der werdenden Mutter allein zu lassen, stieß auf taube Ohren.

Es wurde eine lange Nacht, die an meiner Nervenkraft zehrte und meine Geduld strapazierte. Als gegen Morgen die Kälte durch alle Fugen kroch und meine Hände steif und durchgefroren waren, kam mir der Gedanke, dass es doch Nachbarn gab, die sicher helfend eingreifen würden, dem Ofen etwas Wärme zu entlocken. Man konnte unmöglich das Neugeborene dieser Kälte aussetzen. Einer hilfreichen Nachbarin gelang es schließlich und somit war wenigstens dem einen Übel abgeholfen. Aber die Endphase der Geburt brachte mich der Verzweiflung nahe. Mit wildem Geschrei erklärten die vier Frauen der Kreißenden, wie sie die Presswehen zu verwerten habe, urkomisch dabei ihre Gesten und Gebärden. Am lautesten wieder die Mutter der jungen Frau, die nach sieben Geburten ein umfangreiches Wissen auf diesem Gebiet zu haben glaubte. Sie demonstrierte anschaulich das Verhalten in dieser Situation, wobei ihr Gesicht blaurot anlief und Schweißtropfen auf ihrer Stirn standen. Ich glaubte sie einem Schlaganfall nahe. Die ängstlichen Augen der werdenden Mutter irrten von einem zum anderen, immer bedacht, alle Befehle, die im wirren Durcheinander kamen, richtig auszuführen. Meine Anweisungen gingen im Geschrei der vier hysterischen Frauen unter. Der Erfolg dieser verrückten Bemühungen war gleich Null, im Gegenteil, die Geburt kam zu einem Stillstand. Nun reichte es mir endgültig. Ich schob diese vier mit ihren überhitzten Gemütern vor die Tür und befahl ihnen, sich nicht mehr sehen zu lassen. Als ich die Tür verriegeln wollte, musste ich feststellen, dass es keinen Schlüssel zum Schloss gab. Es hätte aber auch nichts genützt, denn dieses Schloss war defekt und baumelte an der Tür herunter.

Nachdem nun Stille herrschte, konnte sich die Kreißende auf den Geburtsvorgang konzentrieren und sie folgte meinen Anweisungen still und ergeben. Aber die Ruhe war von kurzer Dauer. Ich traute meinen Augen kaum, als die vier nun wieder erschienen, eine weitere Tante im Schlepptau. Es schien aussichtslos, sie abzuschütteln. Mit viel Mühe gelang es mir, dass sie am Tisch Platz nahmen, um nicht noch einmal das Gebärbett zu belagern. Doch die neu hinzugekommene Tante Frieda schien eine immense Redegabe zu besitzen. Theatralisch berichtete sie, wie der Schwager ihres Mannes, dessen Cousine, deren Freundin eine Schwester gehabt hätte, bei deren Entbindung sich die gleichen Symptome gezeigt hätten wie hier bei ihrer Nichte Rosalinde. Beide, Mutter und Kind, seien jämmerlich zugrunde gegangen. Nun seien sie beide tot. Welcher Jammer! Ihr Repertoire an solchen Geschichten war unerschöpflich. Sie redete sich in einen Eifer, so dass ihre Zuhörer mit offenem Munde ihren unglaublichen, aber angeblich wahren Begebenheiten folgten. Zum Glück, möchte ich fast sagen, denn sie wurden erst wieder in die Wirklichkeit zurückgerufen, als ein lebensfrisches, gesundes Kind den ersten Schrei tat. Unglaublich für alle, dass Mutter und Kind gesund waren; nach Tante Friedas Behauptungen hätten sie beide das eigentlich nicht überleben dürfen.

Es war heller Morgen, als ich den Heimweg antrat. Nach kurzer Fahrt bemerkte ich, dass ich meine Strickjacke zurückgelassen hatte. Aber mir schien es ratsamer, sie am nächsten Tag mitzunehmen, als bei dem nach wie vor undurchdringlichen Nebel noch einmal umzukehren. Erstaunt war ich, als es tags darauf hieß, die Jacke sei nicht hier, niemand hätte sie gesehen. Aber nach einigen Wochen begegnete ich Frau Kruse mit meiner Strickjacke. Zu einem Gespräch kam es nicht, sie zog es vor, die Straßenseite zu wechseln. Als sich nach einem Jahr das zweite Kind bei Familie Kruse meldete, nahm man eine andere Hebamme.

13

Ein Tag im Februar. Stürmische Winde fegten über Straßen und Felder, und Schneewehen türmten sich zu hohen Wänden. Wer nicht unbedingt nach draußen musste, blieb lieber zu Hause. Aber Kinder fragen nicht nach Wind und Wetter, sie kommen ganz einfach. So war es auch in jener Nacht, als ich nach Bärenöd gerufen wurde. Frau Dirlinger erwartete ihr drittes Kind. Ich machte mich zu Fuß auf den Weg, denn mit dem Wagen wäre ich nach wenigen Metern hoffnungslos im Schnee stecken geblieben. Nach einer guten Stunde, ich sah aus wie ein Schneemann, hatte ich das kleine Haus am Berghang erreicht. Wohlige Wärme umfing mich, als ich die kleine Stube betrat. Die Großmutter, eine liebenswerte alte Frau, hatte alles bestens vorbereitet. Als nach einer knappen Stunde ein gesundes Mädchen kräftig schrie, schien wieder einmal alles gut überstanden. Die Mutter war für einen kurzen Augenblick glücklich, als ich ihr die Tochter in den Arm legte, und sie strich mit sanfter Geste über die noch nassen Härchen ihres Kindes. Ihr Blick wurde dabei jedoch traurig, Tränen liefen über ihre Wangen. Ich verstand diese Reaktion nicht zu deuten, aber bald sollte ich die Hintergründe erfahren.

Schwere, unsichere Schritte kündeten an, dass der Ehemann, der sich seit Tagen auf Wirtshaustour befand, heimkehrte. Die heruntergekommene Kleidung und die blutunterlaufenen Augen zeugten von seiner Volltrunkenheit. Er beschimpfte uns alle mit den unflätigsten Worten, ganz besonders mich, weil ich mir erlaubt hätte, statt einem Buben einem nichtsnutzigen Mädchen zum Leben zu verhelfen.

Plötzlich heftete sich sein Blick auf das Sparschwein, welches oben auf dem Schrank stand und die ersparten Notgroschen, die für das Neugeborene bestimmt waren, aufbewahrte. Nach mehreren Versuchen gelang es ihm, das von der Mutter mühsam ersparte Geld an sich zu bringen und mit lautem Gepolter in die Nacht hinaus zu verschwinden. Auch das Wochengeld von der Krankenkasse vertrank er.

Aber es sollte alles noch schlimmer kommen. Der zweite Wochenbetttag. Der Herr des Hauses schien zu schlafen, um sich von seinen nächtlichen Saufereien zu erholen. Bei meinem Eintritt in die Stube fiel mir auf, dass die Großmutter völlig verstört am Ofen saß und leise vor sich hinweinte. Nun erst sah ich mit Entsetzen, dass die junge Mutter kaum mehr zu erkennen war: Gesicht und Arme waren von schweren Misshandlungen gezeichnet. Teilnahmslos lag sie in ihrem Blut. Meine Frage, was denn geschehen sei, beantwortete die Großmutter, denn die Wöchnerin war nicht in der Lage, im Zusammenhang zu sprechen. Nachdem der Ehemann volltrunken und wüst randalierend nach Hause gekommen war, hatte er geglaubt, sein eheliches Recht fordern zu können und war wie ein wildes Tier über die Wöchnerin hergefallen. Ihr Widerstand hatte ihn zur Weißglut gebracht und er schlug auf sie ein, so, als hätte er den Verstand verloren. Die Frau, halb ohnmächtig vor Schmerz, war nicht mehr fähig gewesen, sich zu wehren, und so nahm sich dieser Mann auf brutale Weise, worauf er glaubte, ein verbrieftes Recht zu haben.

Diese maßlose Entgleisung hatte schwere Folgen: eine massive Blutung und später hohes Fieber. Ich tat, was ich tun musste. Die Einweisung der schwer misshandelten Wöchnerin in ein Krankenhaus war das eine, eine amtliche Meldung über das Verhalten des Ehemanns das andere. Nach längerem Krankenhausaufenthalt konnte Frau Dirlinger, körperlich genesen, wieder entlassen werden. Aber ihr Seelenleben hatte schweren Schaden erlitten. Tiefe Depressionen, die monatelang anhielten, waren das Ergebnis dieses traurigen Ereignisses.

Herr Dirlinger wurde in eine Klinik zur Entziehungskur eingewiesen. Bald nach seiner Entlassung nahm er sein altes Laster wieder auf, auch eine zweite Kur brachte keinen Erfolg. Ich behielt Frau Dirlinger und ihre Kinder im Auge, aber zu Ausschreitungen von selten ihres Mannes kam es nicht mehr. Als er wieder einmal volltrunken auf dem Nachhauseweg war und unter einen Lastwagen geriet, war dies seine letzte Zechtour gewesen, die schweren Verletzungen brachten ihm zwei Tage später den Tod. In jenen Stunden wuchs Frau Maria über sich selbst hinaus. Sie war es, die an seinem Krankenbett saß und seine Hand hielt, um zu beweisen, dass sie ihm verziehen hatte.

14

Die 17-jährige Annemarie kam aus Kärnten und war beim Grundnerbauern in Diensten. Ein fleißiges Mädchen, wie mir die Bäuerin berichtete, aber leider stellte sich heraus, dass sie ein Kind erwartete. Eine Tatsache, die man gar nicht schätzte. Da Annemarie ein sehr hübsches Mädchen war, hatte es nicht an Verehrern gefehlt, solange die Schwangerschaft nicht offensichtlich war. Der Sohn und Erbe des Firnerhofes bemühte sich ganz besonders um sie. Aber hier gab es keinen Weg zueinander, denn dass der wohlhabende junge Bauer ein bitterarmes Mädchen heiraten würde, das noch dazu das Kind eines anderen Mannes erwartete, das war abwegig. Diesem Kind war schon jetzt bestimmt, gehasst zu werden. Annemarie erkannte, dass es ihr den Weg zu der ersehnten Heirat mit dem jungen Firnerbauern versperrte, und sie wünschte nichts anderes als einen Abbruch der Schwangerschaft, ganz gleich mit welchen Mitteln. Aber alle ihr zugetragenen »Ratschläge« schlugen fehl und sie behielt ihr Kind, wenn auch zähneknirschend. Doch was niemand erwartet hatte, traf ein. Mathias, der Firnerbauer, hielt zu ihr. Gegen eine Heirat sträubte sich allerdings seine Mutter, die seit mehreren Jahren Witwe war, ganz entschieden. »Eine Hergelaufene, noch dazu mit einem Kuckucksei im Nest, kann niemals Firnerbäuerin werden.« Das war ihr Standpunkt und dabei blieb es. Aber die Dinge ent-wickelten sich ganz anders, als es die Firnerbäuerin erwartet hatte.

Nach einem sehr heißen Sommertag zog gegen Abend ein heftiges Gewitter auf. Alle Naturgewalten schienen losgelassen, als ich zu Annemarie gerufen wurde. Allein in ihrer Kammer, hockte sie in einer Ecke, von heftigen Wehen geschüttelt. Noch bevor ich Fragen stellen konnte, war es da, dieses verhasste, ungewollte Wesen. Annemarie würdigte es keines Blickes. »Ich mag dieses Kind nicht«, war ihr einziger Kommentar. Aber der Kleine dachte nicht daran, diese Welt, in die man ihn nun einmal gesetzt hatte, zu verlassen. Rosig seine Haut, rundum gesund und mit sich zufrieden lag er in seinem Bettchen, das die Grundnerbäuerin notdürftig zurechtgemacht hatte. »Des Kind bleibt net in meim Haus, ich hab eh sechse, des muasst versteh, dass des net geht«, sagte sie zu mir. Aber wohin? war mein Gedanke. Ich wusste es nicht. Hierbleiben konnte es nicht, das war mir klar. Nach längerem Überlegen glaubte ich eine Lösung gefunden zu haben.

Ein wolkenbruchartiger Regen ging draußen nieder, es war, als käme das Ende dieser Welt. Gegen Mitternacht hatte sich die Natur so weit beruhigt, dass ich mich auf den Heimweg machen konnte, mit dem Kleinen im Kissen auf dem Rücksitz. Die Krankenhausverwaltung hatte Verständnis für mich und erlaubte mir, ihn für eine Woche zu den anderen Säuglingen in das Kinderzimmer zu legen. Als gegen Ende der Woche die standesamtliche Meldung vorgenommen wurde, konnte sich Annemarie immer noch für keinen Namen entscheiden. »Nenne ihn, wie du willst«, sagte sie zu mir, »es ist mir egal, wie er heißt.« Auf dem Kalenderblatt stand an diesem Tag der Name Alexander und so erhielt der Bub diesen Namen.

Aus einer Woche wurden sieben, und immer noch war keine Lösung des Problems in Sicht. Man bedeutete mir, dass Alexander nicht mehr länger bleiben könne. Das hieß also, das Kind musste irgendwo anders untergebracht werden, aber wo?! Ich wollte ihm mit allen Mitteln das Heim ersparen, in das man es einweisen würde.

Nach einer schlaflosen Nacht machte ich mich mit Alexander auf den Weg zum Grundnerhof. Die Bäuerin sah mich kommen und erwartete mich an der Haustür. Beide Hände an den Türrahmen gestützt, verwehrte sie mir den Eingang in das Haus, indem sie sagte: »Über die Schwelle kommst mir net mit dem Kind. Geh hinüber zur Firnerin, die Annemarie und der Firnerbauer werden eh bald heiraten, soll sich die Firnerbäuerin um den Bankert kümmern.« Der kleine Alexander schlief ruhig und zufrieden in seinem Körbchen, nicht ahnend, welche Sorgen mich seinetwegen plagten.

Zum Firnerhof war es nicht weit. Drüben auf der Anhöhe lag er breit und behäbig, ein schöner Besitz. Die Firnerbäuerin sah jeden, der sich dem Anwesen näherte, es gab ja nur eine Zufahrt. Sie stand ebenfalls unter der Türe, als ich dem Fahrzeug entstieg und das Kind aus dem Bettchen nahm. »Mit diesem Kind kommst mir net ins Haus«, war ihre Begrüßung. »Net gnug, dass die Hergelaufne Bäuerin werd da herin, tätst du mir aa no des fremde Kind da bringen, ein Kuckucksei sozusagen. Ohne mi, sag i dir.« - »Aber Firnerbäuerin«, meinte ich, »schau, dieses Kind braucht ein Zuhause, du kannst es doch nicht wieder wegschicken. Schau es dir erst einmal an.« Ich zwängte mich in den Flur und legte den kleinen

Alexander in der Stube auf das Kanapee. Jetzt war die Firnerbäuerin sprachlos. Ich aber nahm sie an der Hand und führte sie zu dem Kind, welches mit rosigen Wangen ruhig schlief. »Is a schöns Kind«, meinte sie, »aber bei uns kann's net bleibn. Nia net!« In diesem Moment erwachte der Kleine. Seine großen Augen wanderten erstaunt von einem zum anderen, bis sie an der Firnerbäuerin hängen blieben. Er lächelte sie an und gluckste zufrieden. Dieser harten Frau, der das Leben nichts schenkte, liefen mit einemmal zwei Tränen über die Wangen, die sie verstohlen wegzuwischen versuchte, und sie sagte nach einer Weile: »Na ja, dann bleibst halt da, mir werdn di scho mögn.« Mir fiel ein Stein vom Herzen.

Die Firnerbäuerin, jetzt Großmutter, versorgte das Kind vorbildlich. Sie hing mit ihrer ganzen Liebe an diesem »Kuckucksei« und für Klein-Alexander war sie die Bezugsperson. Auch nach der Hochzeit seiner Mutter mit dem jungen Firnerbauern blieb die Großmutter der Mittelpunkt seines jungen Lebens. Er kam mit seinen kleinen Sorgen nur zu ihr und die Großmutter verstand es, ihn liebevoll zu trösten. Annemarie, die inzwischen drei Mädchen das Leben geschenkt hatte, war es recht so, denn sie konnte für dieses Kind keinerlei mütterliches Empfinden aufbringen.

Aber dann, an einem strahlenden Frühlingsmorgen, wurde der innigen Zweisamkeit von Großmutter und Enkel ein plötzliches Ende gesetzt. Mit einem großen Lastwagen kamen Viehhändler auf den Hof. Alexander, der vor dem Haus mit einem Holzpferdchen spielte, hatte Angst vor diesen fremden Menschen und lief schluchzend zur Großmutter, die im Gemüsegarten Kräuter holte. Der Lastwagen, der plötzlich rückwärts fuhr, erfasste das Kind und verletzte es tödlich. Die alte Frau war wie von Sinnen. Auf ihren Armen trug sie das tote Kind ins Haus und war nicht fähig, auch nur eine Träne zu weinen. Stumm und apathisch starrte sie auf den leblosen Körper, auf das »Kuckucksei«, daß ihr zum Lebensinhalt geworden war.

Das Leben auf dem Firnerhof lief wieder seinen gewohnten Gang. Die alte Firnerbäuerin aber konnte ohne ihren kleinen Alexander hier nicht mehr leben. Sie zog zu ihrer Tochter in eine andere Gegend, das kleine Holzpferdchen nahm sie mit. Jedes Jahr an Allerheiligen steht sie, leicht gebückt und mit schneeweißen Haaren, am Familiengrab der Firner, wo auch der kleine Alexander ruht.

15

Ein Sommer ging wieder einmal zu Ende und die Boten des Herbstes zeigten sich in bunten Farben. Ich war auf dem Weg zur Moserbäuerin, deren Neugeborenes Schwierigkeiten machte. Die Straße führte über die Wildbachbrücke am Bruckederhof vorbei bis zum Moserhof, der am Waldrand lag. Es zeigte sich, dass der zwei Wochen alte Säugling an Hunger litt, weil die natürliche Nahrung der Mutter nicht mehr ausreichte. Das Kind protestierte mit Geschrei und die ängstliche Mutter glaubte, es sei krank, vielleicht sogar schwer krank. Ich konnte sie beruhigen und bereitete dem Kleinen eine Flaschennahrung zu, die er gierig in sich aufnahm. Als er dann satt und zufrieden in seinem Bettchen einschlief, schien die Mutter wie von einer Last befreit.

Auf dem Heimweg passte mich die Bruckederbäuerin unten am Wildbach ab: »I bin dem Bruckeder-Hias de Seinige«, sagte sie, »i tät dich in vier Wochen brauchen, es is halt, dass d' aa Wissen hast davo.«

Schwere Anschwellungen der Arme und Beine, ein aufgedunsenes, gerötetes Gesicht zeugten von schwerer Praeeklampsie. Diese Frau gehörte unbedingt in ärztliche Hände, um vor der Geburt des Kindes die Krankheit in den Griff zu bekommen, dachte ich bei mir. Aber von Arzt und Krankenhaus wollte diese werdende Mutter nichts wissen. »Die alte Schwester Lene sagt, des vergeht scho wieder, wenn's Kind amal dais.« Mit einem »Pfüa God« brach sie das Gespräch ab und ging die Anhöhe hinauf zu ihrem Hof.

Mir ging diese Frau, die ernstlich gefährdet war, nicht aus dem Kopf. Tags darauf besuchte ich sie und erklärte ihr, in welcher Gefahr sie sich befände. Ich würde sie in das Krankenhaus mitnehmen, nur so käme alles zu einem guten Ende. Aber gegen die Sorglosigkeit dieser Frau kam ich nicht an. Erst von ihrem Mann, dem Bauern, ließ sie sich überzeugen.

Die Anamnese war wenig erfreulich. Eine 40-jährige Erstgebärende, hohe Blutdruckwerte, schwere Ödeme, ein labiler Kreislauf. Der Arzt verordnete neben Medikamenten Bettruhe und strengste Diät. Das alles war gar nicht im Sinne der Bruckederin. Sie wollte heim zu ihrer Arbeit, zu ihrem Federvieh, das dringend versorgt werden müsse. »Diese Liegerei bringt nix«, war ihr Argument. Dr. Waldinger war bemüht, ihr mit heiteren Worten die Notwendigkeit des Krankenhausaufenthaltes klarzumachen. Diese ungeduldige werdende Mutter hörte nicht zu, sie war mit ihren Gedanken weit fort, auf dem Hof bei ihrer Arbeit. Mit ihrer drängenden Ungeduld strapazierte sie unsere und ganz besonders Dr. Waldingers Nerven, bis diesem eines Tages der Kragen platzte: »Wennst du koa Ruah gebn kannst da herin, dann geh hoam und trink, was d' magst und iss a Gräucherts mit Knödel und Kraut, damit dir d' Leut zum Betn gehn können und am Friedhof werden s' dann sagn: Jetz is hi, sie und ihr Kind.« Das verstand die Bruckederin, besser als wohlgeformte Worte. Als der Arzt die Türe hinter sich schloss, meinte die bestimmt nicht feinfühlige Bäuerin zu mir: »Für an Gstudierten red der Dokta aber ordinär.« Gewiss, aber es war wirkungsvoll. Die Bruckederin dachte nun in erster Linie an ihr Kind, das auf jeden Fall am Leben bleiben sollte, kam es doch nach siebenjähriger Ehe und war heiß ersehnt. Das war der Grund, weshalb sie sich nun den Anordnungen des Arztes wortlos fügte.

Der Geburtstermin rückte näher. Manchmal verspürte die werdende Mutter des Nachts schon leichte Wehen. Eine Hausgeburt kam nicht mehr in Frage, aber auch das nahm sie als unabänderlich hin. Dann war es soweit. Sie schenkte ohne Komplikationen einem gesunden Buben, dem Hoferben, das Leben. Als ich der Mutter das Kind in den Arm legte, streichelten zwei schwielige Hände behutsam das nasse Köpfchen. Eine liebevolle Geste, die solchen Händen kaum zuzutrauen war. Die Gesichtszüge dieser harten Frau wurden weich und um ihren Mund spielte ein Lächeln, das sonst nur selten bei ihr zu sehen war.

Das Wochenbett verlief reibungslos und bald kam für Mutter und Kind der Tag der Entlassung aus dem Krankenhaus. Mit der Heimfahrt gab es Probleme, denn auf dem Bruckederhof gab es damals noch kein Auto. »Weißt«, meinte die Bäuerin zu mir, »mei Bruder hat zwar a Auto, aber des is no nei, und die schlechte Strass'n zu uns nauf, da kann ma net verlange, dass er mi hoamfahrt. Fahr mi du hoam, dei Auto is eh nimmer so schön; und Taxi, mei, wie teuer des kam.« Also brachte ich Mutter und Kind nach Hause - eine Fahrt, die mir bis heute in Erinnerung geblieben ist. Nach tagelangem Regen führte der Wildbach Hochwasser, hatte die Brücke und den Weg überschwemmt. Ich kämpfte mich durch Morast und Geröll nach Brucked.

Oben angelangt, erwartete uns vor der Haustür der alte Bauer, jetzt Großvater, der meinte: »Ned zum glaubn, dass ihr da durchkemma seids. Der Viehwagen hat sich heut ned rauftraut zu uns. Herr, vergeh's Gott, dass da seids, ihr zwoa.« Als er dann meinte, ich hätte mir ein paar Eier verdient, war die Bruckederin anderer Meinung. Sie belehrte ihren Schwiegervater, dass um diese Jahreszeit die Hühner »schlecht legen« würden, und somit seien Eier eine Rarität, die man nicht so mir nix, dir nix verschenken dürfte. Außerdem sei dies auch gar nicht nötig, denn ich würde ja von der Krankenkasse bezahlt werden. Zu mir gewandt, sagte sie: »Wenn's bei mir wieder amal soweit is, dann möcht i aber dahoam bleibn.« Meinen erstaunten Blick musste sie wohl richtig gedeutet haben, als sie sagte: »Ja, der Herr Pfarrer hat zu mir gsagt, wia er mi im Krankenhaus bsucht hat, i könnt no gnua Kinder kriagn, wenn i aa scho über vierzig bin. Ich soll nur viel Gottvertrauen haben, denn die heilige Rebecca hat mit 96 Jahren no a Kind kriagt, und bis dahin hab i no lang Zeit.« Aber die Bruckederin war keine Heilige, Kindersegen gab es keinen mehr auf Brucked.

16

Ein Jahr ging wiederum zu Ende. Die Nacht vor Silvester war sternenklar und bitterkalt. Hohe Schneewände türmten sich zu beiden Seiten der Straße, als bei der Thalhauserbäuerin in Waldwinkel das erste Kind kam. Toni, der Knecht, holte mich mit Pferden und Schlitten, denn die Schlucht hin zum Waldwinkel war meist verweht und deshalb nur das Befahren mit Schlittengespann möglich. Toni schien es gar nicht eilig zu haben. Auf meine Frage, ob denn das Kind so lange warten könne, meinte er: »Es pressiert net, jetzt nimmer, weil des Kind scho do is.« Ich glaubte mich verhört zu haben und wollte wissen, warum man mich denn so spät geholt habe. »Ja weißt, der alte Bauer is a weng a Viechdoktor, der kennt si da scho aus, der macht des scho recht, und sonst, mein i, kommt des Ganze net so teuer.« Welche Logik!

Nach einer schier endlosen Fahrt standen wir nach einer Wegbiegung plötzlich vor den weitläufigen Gebäuden der Thalhausers. Ein stolzer Besitz! Hier in diesem Winkel schien die Welt zu Ende zu sein. In schleifenartigen Windungen umgab der Inn das Gehöft, so dass es sich wie auf einer Halbinsel präsentierte. Die Steilufer des Flusses verwehrten jeglichen Zugang zu diesem Gut, nur der Weg durch die Waldschlucht war offen und jetzt nur bedingt befahrbar.

Die junge Thalhauserbäuerin sah mir lachend entgegen, das abgenabelte Kind im Arm. Eine für mich ungewöhnliche Situation. Auf meine Frage, wer denn dies alles so perfekt besorgt hätte, antwortete der alte Bauer, er sei es gewesen, der die Nabelschnur mit zwei Schuhbändern unterbunden und mit der Schere aus dem Nahkorb durchgetrennt hätte. Bei näherer Betrachtung der Schere sah ich, dass sie erheblich Rost angesetzt hatte, und die Schuhbänder, nur Gott weiß, woher sie stammten. Mir lief ein Schauer über den Rücken, wenn ich an die gegebenen Möglichkeiten einer Sepsis dachte. Eine nochmalige keimfreie Abnabelung war nicht möglich, weil die Nabelschnur zu dicht am Körper durchgetrennt worden war. Aber ich hatte die stabile Konstitution dieser Bäuerin und ihres Kindes unterschätzt. Mutter und Kind ging es bestens und am dritten Wochenbetttag fiel der Nabelschnurrest ab. Eine geschlossene Narbe zeugte vom abgeschlossenen Heilungsprozess. Es war alles noch einmal gutgegangen – für dieses Mal.

Nach einem Jahr wurde ich wieder nach Waldwinkel geholt. Meine eindringliche Warnung vom vergangenen Jahr, mich rechtzeitig zu rufen, schien man vergessen oder überhört zu haben: Abermals war das abgenabelte Kind schon in Mutters Armen. Das kleine Mädchen sah gesund aus und war wohlauf. Aber beim Baden sah ich, dass es in Steißlage geboren wurde. Das blaurote Gesäß und der abgeplattete Kopf zeugten davon. Die Mutter muss mein Erstaunen wohl bemerkt haben, gab sie doch zu: »I mein, des Kind is verkehrt komma, weil i auf amal de Füß gsehn hab, und länger dauert hat's diesmal aa.« Sie sagte das ganz ruhig und gelassen, nur so nebenbei. Ich musste dieser sorglosen Mutter aber doch erklären, dass eine regelwidrige Lage des Kindes immer ein Risiko sei, ganz besonders dann, wenn keine fachliche Hilfe zur

Stelle ist. Aber was sollte es, alles war in Ordnung.

Nach einigen Jahren, als sich der Waldwinkel im ersten Frühlingsgrün zeigte, wurde ich abermals zur Thalhauserbäuerin gerufen. Auf einiges gefasst, betrat ich die Schlafstube –

Der Großvater, der sich bei den ersten Kindern als Geburtshelfer betätigt hatte, war inzwischen verstorben. Der junge Bauer aber hatte die Kenntnisse seines Vater nicht übernommen. Er hatte wohl die Nabelschnur durchtrennt, deren Unterbindung jedoch war ihm entgangen. Eine heftige Blutung bei Mutter und Kind war die Folge. Rasch klemmte ich die Nabelschnur ab, was das Schlimmste verhinderte. Blass und erschöpft lagen Mutter und Kind in ihren Kissen. Meinen Rat, ärztliche Hilfe heranzuziehen, ignorierte man. Die junge Mutter glaubte, dass sich alles von selbst wieder einrenken würde, und sie behielt recht. Meine Anweisung an die Mutter, viel zu trinken, um den Blutverlust wieder aufzuholen, und auch dem Kind viel Flüssigkeit zuzuführen, wurde beachtet. Schon am nächsten Tag fühlten sich beide sichtlich besser.

Als ich am dritten Tag zur Wochenpflege kam, marschierte die Thalhauserbäuerin gerade die »Gred« entlang, dem Herzenhäusel zu, das hinten auf dem Misthaufen stand. Ich gewöhnte mich allmählich an Dinge, die man im Klinikbereich für ausgeschlossen halten müsste.

Nach mehreren Jahren kam ich noch einmal nach Waldwinkel. Diesmal hatte man mich rechtzeitig geholt, wohl deswegen, weil sich diese Geburt lang hinzog. Ein Tag und eine Nacht gingen nach sehr schmerzhaften Wehen zu Ende. Als der Sonntagmorgen heraufzog und die Glocken von der Benediktinerabtei am anderen Flußufer zum Frühgottesdienst läuteten, war wieder neues Leben auf dem Thalhauserhof eingekehrt. Ein zartes schwächliches Kind tat seinen ersten dünnen Schrei. »I versteh's net«, meinte die Mutter, »a so a liaderlichs, grämigs Kind, nach soviel Schmerzen! Na hoffentlich hat's wenigstens sein Verstand, wenn's sonst scho so nixig is.«

Schon nach zwei Tagen wurde dieser kleine Bub zur Taufe getragen, weil man in sein Weiterleben keine rechte Hoffnung setzte. Er erhielt den Namen seiner Urahnen: Andreas. Aber der kleine Andreas blieb allen Unkenrufen zum Trotz am Leben. Als aufgewecktes kleines Bürschchen kam er zur Schule, immer noch etwas zart von Wuchs, aber die Natur glich diesen Makel durch überdurchschnittliche Geistesgaben aus.

Nach vielen Jahren sah ich Andreas wieder, als neugeweihten Priester, am Tage seiner Primiz. Blond, hochgewachsen, ein durchgeistigtes Gesicht.

17

1955. Für viele Menschen ein denkwürdiges Jahr. Unsere letzten Kriegsgefangenen sollten aus den russischen Lagern entlassen werden, so hörte man. Die damalige Regierung Adenauer setzte sich ganz entschieden für sie ein. Nervöses Warten von Müttern, Frauen und Geschwistern auf ihre Angehörigen. Es gab Tränen der Wiedersehensfreude einerseits, Niedergeschlagenheit und Trauer andererseits, wenn das Hoffen vergebens war.

In dieser Zeit wurde ich eines Tages zur Lechnerbäuerin nach Höhenberg, Gemeinde Klingenbrunn, gerufen. Sie erwartete in etwa einem Monat ihr zweites Kind und fühlte sich angeblich nicht sehr wohl, weil ihr auch noch eine heftige Grippe zu schaffen machte.

Am Nachmittag machte ich mich auf den Weg zum entlegenen Hof nach Höhenberg. Es war Herbst, das Laub begann sich zu färben, und nach zwei Regentagen schien wieder die Sonne. Nach mehreren Kilometern Fahrt verlief der Weg steil bergauf. Steine und Geröll, die der heftige Regen der vergangenen Tage mit sich geführt und auf die schmale Straße abgelagert hatte, machten das Vorwärtskommen beschwerlich. Diese Gegend kannte ich zu wenig, um auf Anhieb das Gehöft zu finden. Zwei ältere Leute, die sich auf dem Felde nützlich machten, fragte ich nach dem Weg. »Bist vielleicht Hebamm, wennst zum Lechner machst?«,fragte die alte Frau. Sie erklärte mir nun umständlich, wie ich dorthinkommen würde.

Die nächste Wegbiegung markierte ein Marterl, dass in den unruhigen Nachkriegsjahren ein Mann hier erschlagen wurde. Um ganz sicher zu gehen, dass ich auf dem richtigen Weg war, fragte ich beim nächsten Bauernhof noch einmal. Eine Frau unbestimmten Alters hantierte in der schwarzverräucherten Küche am Herd. Sie schnitt von einem großen Brotlaib Scheiben ab, die sie zerpflückte und in eine alte verrostete Heringsbüchse gab, die zur Hälfte mit Milch gefüllt war. Ungehalten über meinen Besuch, erwiderte sie mir brummend meinen Gruß und sagte: »Wennst a Hausiererin bist, kannst glei wieder gehn, i kauf nix.« Als ich ihr versicherte, ich wolle nichts verkaufen, sondern nur den Weg zum Lechnerhof erfragen, meinte sie: »Mei Bua, der Sepp, soll ihn dir zeigen, er kommt eh glei, i hab koa Zeit net dazua.« Während wir auf den jungen Bauern warteten, schnipselte sie wortlos noch einige gekochte Kartoffeln in die Büchse, um dann alles mit einem großen Holzlöffel durchzurühren. Ich fragte, nur um etwas zu sagen, ob sie denn kleine Ferkel hätten, denen sie die Mahlzeit zubereiten würde. Da antwortete die alte Frau: »Ma kennt's, dass du net vo de Bauern bist, sonst tätet wissen, dass des unser Brotzeit is.« Ich schämte mich noch lange.

Bald hatte ich, nach einer sehr beachtlichen Steigung, das Lechnergehöft erreicht. Stille und Ruhe auf dieser Höhe. Der Blick auf die nahen Berge und das herbstliche Land war wunderschön, man glaubte zu träumen. Doch der Traum zerstob, wenn man das Haus betrat und mit den Dingen konfrontiert wurde, die sich darin abspielten. Damals ahnte ich noch nicht, dass ich Zeuge einer tiefen menschlichen Tragödie werden würde. Geblendet vom hellen Sonnenlicht sah ich schemenhaft zwei Gestalten in der düsteren Stube. Ein Mann, der allein im Herrgottswinkel am großen Tisch saß, und eine Frau, die hinten am Kachelofen kauerte. Mein Gruß wurde nur von der Frau erwidert, der Mann, welcher mich unter seinen buschigen Augenbrauen misstrauisch musterte, schwieg. Ein starker Husten und Schnupfen plagte die werdende Mutter, dazu kamen Kreuzschmerzen, die sehr wahrscheinlich eine vorzeitige Geburt ankündigten. Ich erfuhr, dass man das zweite Kind erwartete und der zehnjährige Seppi gerade beim Einkäufen in Klingenbrunn sei.

Plötzlich stellte die Bäuerin eine Frage, die ich nicht erwartet hatte. »Hast was ghört, ob scho Soldaten aus Russland zrückkemma san?« Ich bejahte die Frage und fügte hinzu, dass ich hoffen würde, alle kämen zurück. Die Lechnerbäuerin schwieg zu meiner Antwort und der Mann, der umständlich die Reste der letzten Mahlzeit vom Tisch fegte, schwieg ebenfalls. »Sind Sie der Bauer?«, wollte ich wissen. Aber diese Frage hätte ich besser nicht stellen sollen; seine Miene verfinsterte sich, während er sagte: »Wer ich bin, braucht Sie nicht zu interessieren.« Die Hintergründe dieser ungehaltenen Antwort erfuhr ich einige Tage später.

Ich verabschiedete mich und trat gedankenversunken den Heimweg an. Bald erreichte ich das Marterl wieder und sah von der Ferne einen Mann, der mühsam des Weges kam. Beim Näherkommen erkannte ich an der verschlissenen Uniform, dass es ein Soldat war. Er tippte mit der Hand an seine Mütze zum Gruß und ging weiter. Wo er wohl hingehört?, war mein Gedanke, und welche Freude wird seine Heimkehr bei den Angehörigen auslösen!

Nach einigen Tagen wurde ich nachts erneut auf den Lechnerhof gerufen. Wie erwartet, kam es zu einer vorzeitigen Geburt. Ein stürmischer Wind wehte auf dieser Höhe, so dass ich nur mit Mühe die Haustüre erreichen konnte. Als mir geöffnet wurde, stand ich vor jenem Russlandheimkehrer, der mir vor Tagen begegnet war. Er erwiderte freundlich meinen Gruß und sagte: »I bin der Bauer, und da drin is meine Bäuerin.« Dabei zeigte er auf die Stubentüre, die er nun öffnete. Die werdende Mutter ging in der Stube auf und ab, sie schien kräftige Wehen zu haben. Meinen Gruß erwiderte sie nur stumm, und der Mann im Herrgottswinkel, den die Frau »Georg« nannte, vergrub sich in der Zeitung und schwieg. Zwei Männer und eine werdende Mutter! Ich musste erst das Chaos meiner Gedanken ordnen, als die Bäuerin zu sprechen begann: »Gell, da schaust, wia dumm des hergehn kann. Des is der Sepp, der Bauer, der is nach elf Jahrn aus Russland kemma, und der Georg, von dem des Kind is, den kennst ja scho.«

Es war totenstill im Raum, nur das Knarren des Fußbodens, das jeder Schritt auslöste, war hörbar. Eine seltsame Situation, ich wünschte mich weit fort. Die Endphase der Geburt brachte insofern eine Wende, als Georg die Stube verließ. Sepp, der Bauer, ging mir zur Hand; er brachte Tücher, warmes und kaltes Wasser, seine Bewegungen und Gesten waren ruhig und ausgeglichen. Sein hageres Gesicht verriet nicht, was in seinem Innern vorging.

Das kleine Mädchen, das nun seinen ersten Schrei tat, schien gesund und kräftig, als ich es der Mutter in den Arm legte, die nun müde und erschöpft in den Kissen lag. Ich traute meinen Augen nicht: Sepp, der

Bauer, wischte schweigend mit dem Taschentuch dieser Mutter den Schweiß von der Stirn und verließ leise den Raum. Nun schien es, als ob diese Frau die Last der Ereignisse loswerden wollte, und sie berichtete mir von den schicksalhaften Begebenheiten, die der Krieg mit sich brachte.

»Weißt«, sagte sie, »elf Jahr war er fort, der Sepp, des is a lange Zeit. Da Kriag und des Russland san schuld, dass alls so kemma is.« Weiter erzählte sie, dass sie bald nach Kriegsbeginn den Hof übernommen und Josef Anrainer geheiratet habe, den Mann, den ihr der Vater empfohlen hatte. Der junge Bauer wurde schon bald zu den Waffen gerufen, und nach dem letzten Heimaturlaub 1944 erwartete sie ihr erstes Kind, den Seppi. »Ja, weißt«, berichtete sie weiter, »leicht war das alles nicht für mich.« Als bald nach der Geburt des kleinen Seppi ihr Vater und ihre Mutter kurz hintereinander starben, war sie mit einem alten Onkel allein auf dem Hof. Und dann kam Georg, der als Staatenloser aus den Ostgebieten hier eine Bleibe fand. Und nicht nur das. Er nahm die Stelle des Bauern ein. Und nun war der Josef, der Totgeglaubte, aus langer russischer Kriegsgefangenschaft nach Hause zurückgekommen. Diese Frau stand jetzt vor einer Entscheidung, um die ich sie nicht beneidete. Es wurde eine lange Beichte in einer langen Nacht. Die sonst so wortkarge Frau sprach sich allen Kummer, alle Probleme vom Herzen. Als ich ihr sagte, dass doch der Ehemann Rechte hätte, ältere Rechte, meinte sie: »Er war so lange fort, viel zu lange.« Und Georg war eben dagewesen. Er hatte wohl auch noch andere Werte, die nur sie kannte und zu schätzen wusste.

Die Tage des Wochenbettes gingen zu Ende, ohne dass sich etwas Wesentliches ereignet hätte oder eine Entscheidung gefallen wäre. Aber als wir die kleine Maria Theresia zur Taufe trugen, war nur noch Georg da. Sepp, der Bauer, verließ still, wie er gekommen war, den Hof, um sich drunten im Niederbayerischen als Knecht zu verdingen. Nach der Scheidung, die in bäuerlichen Kreisen einer Ungeheuerlichkeit gleichkam, heiratete die Lechnerbäuerin Georg in aller Stille. Ich kam dann noch dreimal auf den Lechnerhof, um den Söhnen Georg, Max und Stefan zum Leben zu verhelfen. Die Lechnerbäuerin schien mir mit jedem Mal verhärmter und wortkarger. Sie hatte wohl nicht das Glück gefunden, das sie an der Seite dieses Mannes erwartet hatte. Der neue Lechnerbauer war mehr im Wirtshaus als zu Hause auf seinem Hof anzutreffen, so hörte man. In einer kalten Winternacht fand man ihn erfroren im Schnee, im betrunkenen Zustand war er in einen Straßengraben gefallen. Seppi ist heute der junge Bauer auf dem Lechnerhof. Ein tüchtiger junger Mann, aber still und in sich gekehrt. Sepp Anrainer blieb allein. Wortkarg und verschlossen, enttäuscht von seinem Leben, nannte man ihn den »russischen Knecht«.

18

Es war am frühen Morgen des 23. Dezember 1960. Eine junge Bäuerin kam mit Wehen im Krankenhaus an. Sie erwartete ihr erstes Kind, das nun nach mehrjähriger Ehe kommen sollte. Sie selbst hatte keine Geschwister, sie war das einzige Kind auf dem Hartberghof geblieben, der sich stolz wie ein kleines Königreich auf der Hartberghöhe präsentierte. Der Vater hätte statt der Tochter lieber einen Sohn gesehen, aber er fügte sich in das Unvermeidliche, auch wenn der Name »Hans«, den seit Generationen jeder Erstgeborene erhielt, nicht mehr anzubringen war. So machte man aus der Not eine Tugend und gab dem kleinen Mädchen den Namen »Johanna«.

Die kleine Johanna gedieh prächtig, und nicht nur ihre Eltern, auch die Knechte und Mägde schlossen sie in ihr Herz. Die Mutter sah es gar nicht gern, dass sie nicht mit Puppen spielen wollte, sondern lieber mit dem kleinen Holzpferdchen, das ihr der alte Knecht Sebastian einmal schnitzte. Auch sonst suchte sie mehr die Nähe des Vaters oder die der Knechte und freute sich, wenn sie auf dem alten Gaul »Liese«, der das Gnadenbrot erhielt, reiten durfte. Später ging sie mit dem Vater auf die Jagd, der sie in die Gepflogenheiten der Jägerei einweihte. Sie wurde eine passionierte Jägerin und auf meinen Dienstfahrten begegnete ich ihr des Öfteren, wenn sie mit der Büchse über der Schulter und ihrem Dackel dem Wald zustrebte. Über meinen Gruß: »Weidmannsheil« freute sie sich immer und erwiderte lachend und vergnügt: »Weidmannsdank«.

Auch nach ihrer Heirat mit Josef Solinger blieb der Wald ihre große Liebe. Ihr Mann konnte am Weidwerk, keinen Gefallen finden, und so ging sie nach dem Tod des Vaters allein auf die Pirsch. Nun sollte der beiden größter Wunsch in Erfüllung gehen, ein Kind, heiß ersehnt, das die Tradition des Hofes fortsetzen konnte. Ich freute mich mit der jungen Mutter, denn dieses Kind war wohl das schönste Weihnachtsgeschenk für sie.

Am Tag vor Heiligabend schneite es unaufhörlich. Dicke Schneeflocken tanzten draußen vor den Fenstern. Wir warteten auf das Kind, das sich sehr viel Zeit ließ, um auf diese Welt zu kommen. Der Tag ging zu Ende, und trotz heftiger Wehen bestand nicht die geringste Aussicht auf eine baldige Niederkunft. Auch eine qualvolle Nacht ging, ohne wesentliche Fortschritte, zu Ende. Hoffnungslos und verzweifelt lag diese junge Mutter im Bett und glaubte, auf jeden Fall sterben zu müssen. Die ständige Kontrolle der kindlichen Herztöne besagte aber, dass es dem Kind gut ging und nichts zu befürchten war. Beruhigende Medikamente brachten gegen Morgen die schmerzhaften Wehen zum Abklingen. Nach einigen Stunden Ruhepause, die die werdende Mutter als wohltuend empfand und in der sie den Kräfteverbrauch aufholte, begannen die Wehen von Neuem. Gegen Mittag schien der Geburtsverlauf schließlich in ein Stadium zu treten, das auf ein baldiges Ende hoffen ließ.

Heiligabend! Auf den Stationen des Krankenhauses bereitete sich alles auf die Weihnachtsbescherung vor. Die Lichter der Tannenbäume wurden angezündet,

Schwestern und Personal gingen singend von Tür zu Tür, und zwei Engel überreichten jedem Patienten eine brennende Kerze und einen Teller mit Süßigkeiten, Äpfeln und Nüssen. Als der weihnachtliche Zug vor der Tür des Kreißsaales angelangt war, erklang das Lied »Stille Nacht, heilige Nacht«, anschließend verlas die Frau Oberin das Weihnachtsevangelium:

»... und sie gebar ihren Erstgeborenen, wickelte ihn in Windeln und legte ihn in eine Krippe ...«

Feierliche Stille, die plötzlich von dem kräftigen Schrei des künftigen Erben des Hartberghofes unterbrochen wurde. Welch ein Zufall! Alle Anwesenden freuten sich mit der glücklichen Mutter über das gute Ende dieser Geburt.

Der besonderen Robustheit und Lebenskraft dieser bäuerlichen Mütter ist es zu verdanken, dass sie sich oft nach tagelangen, anstrengenden Geburtswehen am Tag nach der Geburt keineswegs müde oder ermattet fühlen. Sie genießen die wenigen Tage im Krankenhaus und sehen sie als Urlaub an, um dann zu Hause ihre Arbeit wieder voll aufzunehmen.

Bei der Taufe dieses Kindes wurde die Tradition des Hartberghofes insofern unterbrochen, als der Erstgeborene nicht den Namen Hans, sondern sinnigerweise, in Erinnerung an jenen Heiligabend, Christian erhielt. Dem kleinen Christian folgten noch vier Brüder, und einer von ihnen hieß, wie sollte es anders sein, doch noch Hans.

Die sechziger Jahre waren im übrigen, das sei hier auch erwähnt, gekennzeichnet durch die Missbildungen jener Kinder, deren Mütter in der Schwangerschaft das Beruhigungsmittel Contergan eingenommen hatten.

In meinem Berufsleben wurde ich mit zwei sehr gravierenden Fällen konfrontiert. Beide Mütter kamen aus der Stadt und hatten mit Unruhe und Schlaflosigkeit zu kämpfen. Contergan sollte für Ausgeglichenheit und eine gute Nachtruhe sorgen. Bei der Landbevölkerung musste ich diese traurige Erfahrung nicht machen, diese Mütter brauchten keine Beruhigungsmittel und für einen gesunden Schlaf sorgte die natürliche Müdigkeit. Die durch die Schwangerschaft bedingte Schlafstörung nahm man als gegeben hin.

19

Der Zweite Weltkrieg hinterließ immer noch seine Spuren. Auch bei jener jungen Frau, die in einigen Monaten ihr erstes Kind erwartete und unter schweren Depressionen litt. Aus München kommend, heiratete sie einen Doktor der Chemie; Waldkraiburg wurde ihr zur zweiten Heimat. Frau Irene Pranoldi litt während der Schwangerschaft oft unter extremen Angstzuständen, die sich bis zu Schrei- und Weinkrämpfen steigerten. Aus diesem Grund suchte sie ein Gespräch mit mir, in dem sie mich bat, ihre Betreuung in der Schwangerschaft zu übernehmen. Weiter erklärte sie, dass sie nicht die Absicht hätte, hier in unserem Krankenhaus ihr Kind zur Welt zu bringen, dieses Risiko sei ihr zu hoch, sie würde, wenn es soweit wäre, zu Professor Martinus nach München reisen. Bei eventuellen Beschwerden oder Unpässlichkeiten in der Schwangerschaft sollte ich ihr beistehen und sie später auch in die Säuglingspflege einweisen. Ansonsten würde sich bei der Entbindung der Professor um sie kümmern, zu dem sie allergrößtes Vertrauen hätte. Auch ohne besondere Menschenkenntnis sah man die krankhafte Angst in den Augen dieser jungen Frau. Ich versuchte, wenigstens etwas beruhigend auf sie einzuwirken. Es war ihr anzusehen, dass sie meine Worte in sich aufnahm und dafür dankbar war.

Aber nun begannen für mich ermüdende und nervenaufreibende Monate. Frau Pranoldi war der Meinung, ich sei nur für sie allein zuständig und niemand hätte auch nur annähernd ein Recht, mich zu beanspruchen. Ihre Hilferufe erfolgten bei Tag und bei Nacht, oft mehrmals täglich. Die Beschwerden kannte ich mittlerweile zur Genüge. Wenn ich ihr sagte, dass sie wohl jede werdende Mutter zu ertragen hätte, so meinte sie, dass ich keinen blassen Schimmer von dem hätte, was sie zu leiden habe. Aber der tiefere Grund ihres Verhaltens war die Angst, die aus jedem ihrer Worte sprach.

Eines Nachts erfolgte wieder ihr Hilferuf. Es sei dringend, hieß es. Ich sollte möglichst rasch kommen. In Eile machte ich mich auf den Weg, weil man nicht wissen konnte, ob nicht doch unvorhergesehene Dinge meine Hilfe nötig machten. Aber was mir Frau Pranoldi zu sagen hatte, überstieg mein Fassungsvermögen. An Hand einer Straßenkarte sollte ich mit ihr gemeinsam einen Plan ausarbeiten, wie sie bei Eintreten der Wehen am besten und schnellsten nach München käme. Mit meiner Geduld war ich nun am Ende. Nach vier zum Teil schweren Entbindungen lag ein anstrengender Tag hinter mir, und ich hatte ein paar Stunden Schlaf dringend nötig. Außerdem war der errechnete Geburtstermin erst in drei Monaten. Also noch Zeit genug, die Straßenkarte zu studieren. Ich betreute Frau Pranoldi nun seit eineinhalb Monaten, und in dieser Zeit beanspruchte sie meine Hilfe heute zum 37. Mal. Es fiel mir schwer, das böse Wort, das ich auf der Zunge hatte, nicht auszusprechen. Aber beim Anblick dieser ängstlichen Augen schwieg ich. Ich erklärte ihr dann, dass dieses geringfügige Problem auch tagsüber zu lösen sei, und zwar gemeinsam mit ihrem Mann. Sie müsse wissen, dass ich bei ernsthaften Beschwerden immer bereit sei, Hilfe zu leisten, aber das hier ginge ganz einfach zu weit. Unter Tränen versicherte sie mir, dass sie meine Worte überdenken werde, aber in meinem Beisein hätte sie keine Angst mehr, es würde alles ruhig und still in ihr, sie fühle sich dann wohl und geborgen. Ein heftiges Wort wäre hier nicht am Platze gewesen. Ich musste ganz einfach Geduld mit dieser geplagten werdenden Mutter haben. Doch diese maßlose Angst musste doch einen tieferen Grund haben. Etwas später erfuhr ich die ganze Tragik um das Leben dieser jungen Frau, welche die Geschehnisse des letzten Krieges in seiner ganzen Härte zeigten.

Wieder einmal rief mich Frau Pranoldi zu sich. Ich fand sie in Tränen aufgelöst und am ganzen Körper zitternd vor. Auf meine Frage, was denn vorgefallen sei, antwortete sie, indem sie auf das Datum des vorgesehenen Geburtstermins deutete: »Sehen Sie, noch so viele Tage, dann werde ich sterben, denn dieser Tag wird mein Todestag.« Ein Weinkrampf schüttelte ihren Körper. Ich war ratlos.

In meinen Gedanken beschäftigte ich mich sehr mit dem abnormen Zustand dieser werdenden Mutter. Ich setzte mich mit Professor Martinus in Verbindung. Aber auch er wusste nicht mehr zu sagen, als dass die Anamnese keine krankhaften Symptome zeige und die Schwangerschaft einen guten Verlauf nähme. Aber wie war diese Angst zu erklären?

Ich nahm Frau Pranoldi nun zweimal wöchentlich zur Schwangerschaftsgymnastik mit, in der Hoffnung, dass sie mit anderen Frauen Kontakt aufnehmen und dies zur Besserung ihres Zustandes beitragen würde. Ich besuchte sie des Öfteren unaufgefordert, und nach einigen Wochen zeichnete sich zwar eine leichte

Veränderung zum Guten hin ab, aber die Angst blieb weiterhin die treue Begleiterin dieser Frau.

Da kam Besuch aus München. Ein älteres Ehepaar, das Frau Pranoldi Vater und Mutter nannte. Diese angeblichen Eltern brachten Aufschluss über das krankhafte Verhalten der jungen Frau. Was ich erfuhr, versetzte mich zurück in jene Zeit des Krieges, als die Bomben auf unsere Städte fielen und Tod und Verderben brachten. Als von jener tragischen Bombennacht, in der die leibliche Mutter Frau Pranoldis ihr Leben verlor, die Rede war, glaubte ich alles noch einmal zu erleben, denn diese Nacht, die ich damals ebenfalls in München verbrachte, war eine der schrecklichsten.

Aber ich muss der Reihe nach erzählen.

Es war das Jahr 1944. Bei Fliegeralarm flüchtete alles in die Luftschutzkeller, nur das Allernotwendigste mitnehmend. Auch Frau Pranoldis Mutter, die ihr erstes Kind erwartete, suchte, wenn die Sirenen heulten, wie alle anderen Schutz im Keller ihres Hauses. Dieser schauderhafte Ton verbreitete überall Angst und Schrecken. Dann wurde die kleine Irene geboren, etwas zu früh, aber Mutter und Kind ging es gut. Als die Kleine drei Wochen alt war, kam jene unglückselige Bombennacht, in der man glaubte, alle Welt ginge zugrunde. Selbst Frontsoldaten, die sich in München aufhielten und jene Nacht miterlebten, meinten, das sei schlimmer gewesen als Stalingrad. Die junge Mutter verlor in den Trümmern des Hauses ihr Leben. In ihrer Handtasche befand sich ein Brief von der Kompanie ihres Mannes, in dem es hieß, ihr Mann, der Unteroffizier Anton Kaiser, sei gefallen. Die kleine Irene überlebte wie durch ein Wunder das Inferno, aber sie war nun elternlos.

Der Zusammenhang zwischen jenen Vorfällen und der Angst dieser jungen Frau war unübersehbar. Es lag nahe, dass sich die Angst, die jene werdende Mutter fühlte, als sie sich dem Bombenhagel ausgesetzt sah, auf das werdende Leben übertrug.

Verwandte nahmen sich der Vollwaise an, die kleine Irene nannte sie Vater und Mutter. Ich sah nun alles mit anderen Augen und war froh darüber, dass ich dieser mit einer so schweren Hypothek belasteten werdenden Mutter mit Geduld und Einsicht entgegenkam.

Von der Fahrt in die Frauenklinik nach München wurde nicht mehr gesprochen. Frau Irene schenkte einem kleinen Mädchen in unserem Krankenhaus schnell und ohne Komplikationen das Leben. Auf Anraten der Ärzte blieb Bianca das einzige Kind dieser Familie. Der kleine Wirbelwind schien aber das Erbe ihrer Mutter nicht übernommen zu haben. Lachend und vergnügt ist sie der Sonnenschein für ihre Umgebung.

20

Nachdenklich saß ich vor der Tageszeitung, die die Todesanzeige von Frau Nolte brachte. Wie oft wurde ich zu ihr gerufen! Das Leben dieser bedeutenden Frau und Mutter rollte vor meinem inneren Auge ab.

Eines Morgens vier Uhr. Eine 34-jährige Erstgebärende sei in das Krankenhaus gekommen, hieß es. Frau Nolte reichte mir freundlich die Hand und meinte, sie sei der Ansicht, sie bekäme Zwillinge. Sie hätte zwar keinen Arzt aufgesucht, aber ihrem Leibesumfang zufolge läge dies nah. »Ja«, meinte sie, »ich konnte nur mit Mühe und einer seitlichen Drehung durch die Türen kommen, und das Aufstehen morgens war ein großes Problem.«

Ich begann mit den Vorbereitungen und verständigte gegen acht Uhr den Arzt, damit er sich, falls sich Schwierigkeiten ergeben sollten, bereithielt. Aber diese Eile war unbegründet, erst nach zwei Tagen wurde das erste Kind, ein 3000 Gramm schwerer Bub, geboren. Nach weiteren zwei Stunden kam in Steißlage der zweite Bub, 2950 Gramm schwer. Aber die Geburt war noch nicht beendet! Ein drittes Kind drängte an das Licht dieser Welt, ebenfalls ein Bub, Gewicht 3010 Gramm. »Ein bisschen viel auf einmal«, meinte die Mutter. Aber sie freute sich, dass alle drei gesund und am Leben waren.

Obwohl die Eltern in relativ guten finanziellen Verhältnissen lebten, bedeuteten drei Kinder auf einmal doch eine spürbare Belastung. Sie gediehen unter der vorbildlichen Pflege der Mutter prächtig.

Nach elf Monaten sah ich Frau Nolte wieder. »Es ist nun wieder soweit«, meinte sie. Sie sagte das ganz ruhig, so als ob sie vom Wetter sprechen würde. Diesmal waren es Zwillinge, wieder zwei Buben, 3200 und 3800 Gramm schwer. Mit fünf Kindern in einem Jahr hatte diese Frau eine Menge Arbeit und Sorgen! Verwandte und Bekannte beredeten ausgiebig dieses Ereignis und zerbrachen sich die Köpfe, wie diese zarte Frau mit einem solchen Kindersegen fertig werden sollte. Nur eine blieb ruhig und gelassen, Frau Nolte. Sie schaffte es, obwohl die beiden Zwillinge, die tagsüber schliefen und nachts fast durchwegs schrien, einer meist vor, der andere nach Mitternacht, sehr viel Kraft kosteten.

Es schien, als ob das Storchennest auf das Haus der Familie Nolte gefallen sei, denn nach einem Jahr kamen nochmals Zwillinge, und jetzt waren es zwei Mädchen. Von Wunschkindern konnte wohl keine Rede mehr sein.

Verhütung gab es zu jener Zeit nun einmal so gut wie nicht. Der Mann hatte »aufzupassen«, was nicht immer gut ging. Kondome waren kein Thema, davon sprach man nur hinter vorgehaltener Hand. Ärgerlich sagte einmal eine werdende Mutter zu mir: »Wenn des Glump taugt hätt, bräucht i jetzt des Kind nimma habn.« Die Methode nach Knaus-Ogino konnte nur bedingt angewendet werden, weil dafür eine regelmäßige Periode notwendig ist. Zudem war dieses Rechenexempel für viele ein Buch mit sieben Siegeln. Das Messen der Basaltemperatur zur Ermittlung der empfängnisfreien Tage war in bäuerlichen Kreisen kaum möglich, denn es setzte eine mehrstündige Nachtruhe voraus, welche es oft gar nicht gab: kleine Kinder störten, und die Arbeit im Stall begann ja schon um vier Uhr. Die Pille schließlich bot zwar später optimale Sicherheit, wurde aber von vielen Frauen wegen ihrer zahlreichen Nebenwirkungen wie Übelkeit, kranken Venen oder Gewichtszunahme abgelehnt.

Die Jahre der Fruchtbarkeit waren bei Frau Nolte noch immer nicht zu Ende. Sie erlitt nach einem knappen Jahr eine Fehlgeburt mit einem Zwillingspärchen und später noch einmal eine Früh- bzw. Totgeburt, ebenfalls ein Zwillingspärchen.

Im Sommer sah man sie meist vor dem Haus mit einem riesigen Korb zerrissener Hosen und Strümpfe. Immer war sie bei guter Laune und freute sich sehr, wenn ich mich nach dem Gedeihen ihrer Kinder erkundigte.

Mittlerweile war sie 47 Jahre alt geworden. Sie ging schon ein klein wenig gebückt und die ersten grauen Strähnen zogen durch ihr Haar, als sich noch einmal ein Kind anmeldete. Die kleine Margarete, rosig und gesund, wog 5200 Gramm und hatte die beachtliche Länge von 61 Zentimetern. Es war für Frau Nolte die erste Einzelgeburt, freilich auch die letzte überhaupt.

Trotz ihrer schon bestehenden Kinderschar nahm die Mutter dieses kleine Wesen mit Liebe und Fürsorge an, ja sie meinte sogar, keinem ihrer Kinder so zugetan zu sein wie der kleinen Margarete. Die Taufe dieses Kindes wurde zum Ereignis für den kleinen Ort. Die beiden Mädchen, weißgekleidet, waren zum Tragen der Tauf- kerze vorgesehen. Doch die fünf Buben machten ihnen dieses Vorrecht streitig. Diese wiederum kämpften miteinander um das beliebte

Objekt, standen doch einige Geldstücke von der Patin in Aussicht für das würdevolle Erledigen dieser Aufgabe. Die Schlacht endete unentschieden - die schön geschmückte Taufkerze fiel zu Boden, brach entzwei und war nicht mehr zu gebrauchen.

Diesen kleinen Zwischenfall hat Frau Nolte lange nicht vergessen; immer wenn wir uns begegneten, sprach sie davon. Ebenso erzählte sie mir, dass ihre fünf Buben gemeinsam ihren Wehrdienst bei den Gebirgsjägern in Bad Reichenhall ableisteten. Die Kinder gingen alle nacheinander aus dem Haus und auch die kleine Margarete, das Einzelkind, verließ nach dem Abitur ihr Elternhaus. Danach wurde es still um diese großartige Frau, die auf ein reiches und erfülltes Leben zurückblicken konnte.

21

Eine junge Kollegin, die ihrer Familie zuliebe ihre berufliche Tätigkeit aufgegeben hatte, erwartete ihr erstes Kind. Ohne jegliche Schmerzäußerung ließ sie die immer häufiger kommenden Wehen über sich ergehen. Ihr Gesichtsausdruck war ruhig und ausgeglichen, ihre Stimme leise und ohne jede Angst. Der Ehemann, der am Kopfende des Kreißbettes saß, strich ihr beruhigend über das Haar. Auch er sprach sehr gedämpft. In der Wehenpause war von der großen Freude auf das zu erwartende Kind die Rede. Im Laufe des Gesprächs meinte ich, dass sie ja selbst wisse, dass eine gewisse Schmerzäußerung sich günstig auf den Geburtsvorgang auswirken könne und warum sie denn das nicht tue. Ihre Antwort überraschte mich. Sie zeigte auf das Kreuz an der Wand und sagte: »Es wäre beschämend. Er hat ohne zu klagen mehr gelitten.« Eine so tief religiöse Einstellung habe ich in allen späteren Berufsjahren nicht wieder erfahren. Selbst die letzte und schwerste Phase des Geburtsvorganges ertrug die werdende Mutter ohne jeden Laut. Als ich einmal meinte, dass es nun nicht mehr lange dauern und alles einen guten Verlauf nehmen würde, meinte sie: »Ja, ich weiß, ich bin ja in Gottes Hand.«

Bald tat ein kleines Mädchen seinen ersten Schrei, und zwei glückliche Menschen betrachteten das kleine Geschöpf stumm und ehrfurchtsvoll. Die junge Mutter fand als erste die Sprache wieder. Sie sagte: »Es war der schönste Tag in meinem Leben. In solchen

Stunden ist man Gott so nahe, weil man ein Werkzeug seiner Schöpfung ist.«

Über diese Worte musste ich noch lange nachdenken, sie beeindruckten mich nachhaltig.

Nach einigen Monaten erlebte ich eine weitere Kollegin in ihrem Wehenschmerz. Aber diesmal auf ganz andere Weise. Die werdende Mutter war bereits über 30 Jahre alt und erwartete ebenfalls ihr erstes Kind. Etwas robust und resolut in ihrer Art, erklärte sie mir, dass sie sich, entgegen dem Verhalten anderer werdender Mütter, nicht jammernd und schreiend in ihr Schicksal fügen werde. Wie schön, dachte ich mir, aber warten wir erst einmal ab.

Es wurde eine lange Geburt, und mit jeder Stunde blieb immer weniger vom guten Vorsatz übrig. Die Kreißende vergaß alles, wozu sie sonst andere anhielt. Sie verkrampfte Hände und Füße, warf sich hin und her, stand auf, um sich dann gleich wieder hinzulegen. Sie achtete nicht auf richtige Atmung, und meine Ermahnung, sich zu entspannen und während der Wehen ruhig durchzuatmen, überhörte sie. Statt dessen schimpfte sie auf die Einrichtung der Natur, die den Frauen den Wehenschmerz aufbürde, eine Ungerechtigkeit, die sie nicht verstehen würde. Und ich, ja ich könne leicht reden, weil ich ja nichts verspürte. An solche Worte war ich längst gewöhnt. Was im Wehenschmerz gesprochen wird, darf man nicht auf die Goldwaage legen.

Die Endphase der Geburt war selbst für mich ungewöhnlich. Statt mitzuhelfen, verschrie die Kreißende jede Wehe, und sie glaubte auf jeden Fall sterben zu müssen. Der Geburtsfortschritt war in Frage gestellt.

Meine Vorhaltungen, dass sie doch selber wisse, wie rücksichtslos sie sich dem Kind gegenüber verhalte, waren zwecklos, sie hörte nicht hin. Nun kam der Chefarzt herein und meinte: »Da herinnen geht's ja zu wie im alten Rom. Ja, ja«, meinte er, »wenn Hebammen Kinder kriegen!!« Dieser Ausspruch war wohl nicht ganz im Sinne der Kreißenden, denn plötzlich wurde sie ganz ruhig, und nach ein paar Wehen kam ein kräftiger Bub, der, etwas mitgenommen vom Sauerstoffmangel, nach einem kleinen Klaps aus vollem Halse schrie. Mir kam es vor, als sei die junge Mutter erst jetzt in die Wirklichkeit zurückgekehrt. Sie erklärte mir auch später, dass sie sich kaum an das Geschehen erinnern könne. Aber der erste Schrei des Kindes hätte sie unendlich glücklich gemacht.

Das Wochenbett genoss diese Mutter sichtlich. Wenn ich ihr das Kind in den Arm legte, strahlten ihre Augen und ein weicher Zug legte sich um den Mund der sonst so resoluten Frau. Auch diese Kollegin gab ihre berufliche Tätigkeit auf, »denn«, so sagte sie mir, »dieses Kind ist mir wichtiger als alles andere auf der Welt.«

22

Als Landhebamme, die jahrzehntelang mit der bäuerlichen Bevölkerung in engster Berührung stand, hatte ich reichlich Gelegenheit, Einblick in die Sitten und Gebräuche dieser Menschen zu erhalten. Das Auf und Ab des menschlichen Daseins rollt nach überliefertem Brauch in programmierter Weise ab, sei es Hochzeit, Taufe oder Beerdigung.

Wie bestimmend Traditionen sein können, zeigt das Beispiel der jungen Regina, die das kleine Eginger Gütl ihrer Eltern übernommen und an ihrem Hochzeitstag erhebliche Schwierigkeiten hatte. In der Nacht zu ihrem Ehrentag wurde ich zu ihr gerufen, weil sie undefinierbare Kreuzschmerzen verspürte. Sie erwartete in etwa zwei Monaten ihr erstes Kind, das unter allen Umständen am Kommen gehindert werden müsse, weil ja am nächsten Tag ihre Hochzeit sei. Auf den ersten Blick aber sah ich, dass sie auf das Höchste gefährdet war; massive Wehen kündigten, viel zu früh, die Geburt des kleinen Erdenbürgers an.

Bald nach der Ankunft im Krankenhaus tat ein kleiner schwächlicher Bub seinen ersten, kläglichen Schrei. Wegen Lebensschwäche und Atemschwierigkeiten wurde die Verlegung des Kindes in ein Kinderkrankenhaus notwendig. Regina war untröstlich, weil die Hochzeitsfeierlichkeiten in Frage gestellt waren. »Das geht net«, meinte sie, »eine Hochzeit ohne Braut.« Inzwischen war es drei Uhr morgens, als wir den Bräutigam rufen ließen, um mit ihm gemeinsam die verzwickte Lage zu besprechen. Es war tatsächlich der Ehemann, denn tags zuvor hatte die standesamtliche Trauung stattgefunden, die aber in bäuerlichen Kreisen nicht als gültig angesehen wird, sondern nur die kirchliche. Der junge Mann dachte vernünftig, als er meinte: »Verschieben wir die Hochzeit, alles halb so schlimm.« Aber er hatte nicht mit der Energie und der konkreten Vorstellung seiner Braut gerechnet. »Gheirat werd heit«, sagte sie, und diese Feststellung ließ keinen Einwand zu. »War no des schena«, meinte sie, »achtzg geladene Gäste wieder ausladen, und beim Wirt is als hergricht, und Überhaupts, was tät da der Herr Pfarrer sagn! Na, na, des geht net. Mir feid nix, und zweckst an Kind kriagn werd d' Hochzeit net verschobn.« Meinen Einwand, dass es jetzt im November draußen und in den Kirchen kalt sei, ignorierte sie. Aber der zuständige Arzt erlaubte ihr den Gang zur Kirche unter der Bedingung, dass sie einen warmen Mantel tragen und nach der kirchlichen Zeremonie in das Krankenhaus zurückkommen müsse, wenn sie schon die Trauung in der Krankenhauskapelle ablehne. Und Regina heiratete an diesem Tag, aber nicht im warmen Mantel, wie es der Arzt angeordnet hatte, sondern in Brautkleid und Schleier. Sie kam auch nach der Trauung nicht in das Krankenhaus zurück, sondern ging mit zum Dorfwirt, um die Glückwünsche der Hochzeitsgäste entgegenzunehmen und dann mit ihrem Bräutigam die weltliche Feier mit dem »Hungertanz« (erster Tanz) einzuleiten.

Im Krankenhaus war ihr Bett am Nachmittag immer noch leer. Meine Sorgen wuchsen mit jeder Stunde, die wir auf sie warteten. Als sie um neun Uhr abends immer noch nicht da war, fragte ich beim Dorfwirt nach ihr. Aber da hieß es, die Braut sei nicht erreichbar, weil sie sich mit den anderen Hochzeitsgästen in ein Weinstüberl begeben habe, wo sie wohl anzutreffen sei. Eine Stunde später hatte sie von den Feierlichkeiten genug. Mit roten Wangen, im Brautkleid und mit Schleier kam sie im Krankenhaus an, um sich in ihr Bett führen zu lassen. In tiefem Schlummer verbrachte sie hier ihre Brautnacht, glücklich und mit sich zufrieden. Regina überstand alles bestens. Es gab auch später keine Komplikationen. Der Name »Eginger Braut« blieb ihr bis heute erhalten.

Bei einer Taufe rollte ebenso alles nach einem bestimmten Schema ab. Das Taufkleid, das die junge Bäuerin zur Brautausstattung von der Taufpatin erhielt, wurde hergeholt, aufgebügelt und mitsamt dem Steckkissen zurechtgelegt. Manchmal ergab es sich auch, dass man aus Tradition das alte, seit Generationen weitervererbte Taufkleid benutzte. Dass die Hebamme bei der Taufe dabei war, das war ebenso Brauch wie das Taufessen, das meist beim Dorfwirt abgehalten wurde. Die Art und Reihenfolge der Speisen und Getränke waren immer dieselben; man wollte hinter den anderen nicht zurückstehen. Eine weniger aufwendige Taufe würde zum Gerede der Leute führen und das musste auf jeden Fall vermieden werden. Bei diesem Fest wurden dann alle Neuigkeiten, die es in der näheren und weiteren Umgebung gab, ausgetauscht.

Aus dem Rahmen fiel die Taufe bei den Zwirglingers in Kargsöd. In dem kleinen Anwesen, nicht weit von der Pirkingermühle, kam an einem Sonntagnachmittag der Stammhalter an, der als »Fünfmonatskind« erstaunlich kräftig wirkte. Als das Kind zur Taufe getragen wurde, war die Familie ein wenig enttäuscht.

Nicht der allseits beliebte Herr Pfarrer kam aus der Sakristei auf uns zu, sondern ein aus Rumänien stammender deutscher Geistlicher, der die Vertretung während der Abwesenheit des Ortspfarrers übernommen hatte. Der Blick dieses Gottesmannes war streng und unpersönlich, und seine Nerven schienen lädiert, denn das laute Geschrei des Täuflings brachte ihn aus der Fassung. Die Gebete unterbrechend, zischte er zu ihm hin, ihn in voller Strenge ermahnend: »Pst, bist du ruhig!« Der Kleine hielt sich jedoch in keiner Weise an diese Mahnung, sondern schrie, wie zum Protest, noch mehr. Wir atmeten alle auf, als wir nach beendeter Taufzeremonie die Kirche verlassen konnten. Nun hatte sich auch der kleine Sebastian beruhigt – er war eingeschlafen. Als man den Herrn Pfarrer zum Taufmahl bat, winkte er finsteren Blickes ab und meinte, für solche Dinge hätte er keine Zeit. Tiefe Verärgerung bei den Eltern des Täuflings.

Aber die Sache war noch keineswegs ausgestanden. Der ganz große Ärger kam erst am nächsten Tag, als man das Familienstammbuch im Pfarrhaus abholte. Die Eintragung der Taufe vervollständigte meist ein religiöser Spruch. Ich traute meinen Augen nicht, als hier zu lesen stand: »Das Kind entsprang dem unsittlichen Verhalten der Mutter.«

Dem jungen Vater stand der Zorn im Gesicht. Er wusste nicht, sollte er toben und dem »Aushilfspfarrer«, wie er ihn nannte, die Hölle heiß machen, oder das Buch zerreißen und ins Feuer werfen. Mir erschien beides sinnlos, und ich meinte, er möge abwarten, bis der zuständige Pfarrer wieder zurück sei, der würde mit Sicherheit eine Änderung dieser Eintragungen vornehmen. Die alte Zwirglingermutter aber sagte zu mir: »Kannst d' ma sogn, was des eigentlich hoaßt? Solchene hochgschraubte Redn vasteht unseroans net.«

Geburt und Tod lagen in ländlichen Gebieten, wo es bis vor einer Generation noch Großfamilien gab, eng beieinander. Kommen und Gehen in und von dieser Welt spielten sich meist im häuslichen Bereich ab, das heißt, von klein auf wurden die Kinder mit diesen naturbedingten Gegebenheiten konfrontiert. Die alten Leute blieben bis zu ihrem Tod im Haus, das war eine Selbstverständlichkeit; Altenheime kannte man nicht. Für die Geburt brauchte man kein Krankenhaus, und ganz selten wurde ein Arzt benötigt oder gerufen. Die Großmutter übernahm die Aufgaben und die Pflege der Wöchnerin, und nach einigen Tagen ging die junge Mutter wieder an ihre Arbeit.

Ergab es sich, dass Geburt und Tod zusammenfielen, so konnte ich die werdende Mutter meist davon überzeugen, dass es aus Gründen der Asepsis besser sei, zur Entbindung das Krankenhaus aufzusuchen, weil ja damals die Toten bis zu ihrer Beerdigung im Hause blieben. Der Tag des Begräbnisses war für die anwesenden Kinder insofern nicht ganz so traurig, als sie an diesem Tag schulfrei hatten. Ein kleiner Knirps berichtete mir einmal Folgendes: »Du, Frau Hebamm, mir ham damals schulfrei ghabt, wia dem Fräulein Lehrerin ihra Breitigam gstorbn is. Aber jetzt hat's scho wieder an neien, aber der is aa scho wieder grämig (krank).«

Bei einer jungen Bäuerin setzten zu dem Zeitpunkt die Wehen ein, da sich der alte Bauer zum Sterben niederlegte. Im Krankenhaus tat dieses Kind zu der Stunde den ersten Schrei, als der Großvater zu Hause seinen letzten Atemzug tat. Eine Woche nach den Begräbnisfeierlichkeiten trugen wir den kleinen Albert zur Taufe. Bei dieser Gelegenheit wollte ich der alten Bäuerin, die nun Witwe war, einige Trostworte zum Tode ihres Mannes sagen. Sie aber meinte: »Nu ja, er war halt aa scho alt, da kann ma nix macha. Dran kemma tun wir alle. Und sei Zeit war aus. Des is amal so.«

Ohne viel Gejammer beugt man sich den Schicksalsschlägen, weil ja ohnehin alles vorherbestimmt ist. Wozu dann klagen!?

Auf einer meiner Dienstfahrten begegnete ich einmal vor dem Dorfwirtshaus in Thalkirchen der alten Rainerbäuerin, die man in das Krankenhaus brachte, weil man zu Hause keine Besserung ihres Asthmaleidens erwarten konnte. Als sie mich sah, ließ sie anhalten und sagte schwer atmend zu mir: »Kommst ma grad recht, magst ma net die Wirtin herholn?« Als diese erschien, sagte die Rainerbäuerin in feierlichem Ton: »Bei meiner Leich muass' an Bratn gebn, mit Knödel und an Gmiis, und zuvor a Suppn. Koane Würstl wia bei arme Leit, standesgmäß muass ausgricht wern, mei Gremess (Leichenmahl). Des hab i mir verdient, moan i. Ihr zwoa, habt's jetzt ghört, wias zuageh muass bei meiner Leich, weil hoamkemme tu i nimmer vom Krankenhaus. D' Hebamm is ma grad recht kemma, weil derer glaubt ma's, was i gsagt hab.« Dies alles sagte sie bedächtig, jedes Wort überlegend, im Beisein ihres Schwiegersohnes, des jungen Bauern, der als extrem sparsam galt, besonders was die Belange der alten Mutter betraf.

Die alte Rainerbäuerin kam, wie sie voraussagte, nicht mehr nach Hause. Zur »Gremess« hatten mich die jungen Rainerleute persönlich eingeladen, damit ich mich von der korrekten Erfüllung des letzten Wunsches ihrer Mutter überzeugen konnte.

23

Die programmierte Geburt eignete sich, damals jedenfalls, recht gut bei unehelichen oder geschiedenen Müttern, denen ein Vaterschaftsprozeß ins Haus stand. Ein bewusst falsch errechneter Geburtstermin sorgte für die Einleitung der Geburt, um dann den brauchbarsten oder zahlungsfähigsten Vater zur Kasse zu bitten. Aber ganz so einfach, wie es schien, war es meist nicht, denn die Hebamme wurde häufig vom zuständigen Amtsgericht gebeten, über Reifezeichen wie Maße und Gewicht Auskunft zu erteilen. Um ganz sicher zu gehen, wurden des öfteren Blutanalysen erstellt, deren Werte Genaueres über die Herkunft des Kindes aussagten.

Ein Vaterschaftsnachweis war oft ein schwieriges Unterfangen, besonders für das Gericht, das Recht sprechen sollte und auf keinen gemeinsamen Nenner kam. Konnte der genannte Vater den Nachweis erbringen, dass er, aus welchen Gründen auch immer, für diese Vaterschaft nicht in Frage kommen konnte, so marschierten nicht selten andere angebliche Väter auf, die sich meist ebenfalls zur Wehr setzten und mit neuen Namen aufwarten konnten. Somit folgte ein Gerichtstermin dem anderen, peinlich für alle Beteiligten. Die Außenstehenden sparten dann nicht mit Spott und Schadenfreude. Nicht immer fand die Auseinandersetzung um eine Vaterschaft ein gutes Ende. In dem nunfolgenden Fall wurde ein solcher Prozess von tiefer Tragik überschattet.

Martina, ein lebenslustiges, fröhliches Mädchen, dem ich 17 Jahre zuvor zum Leben verholfen hatte, stand eines Tages vor meiner Tür und erklärte mir, dass sie auf dem Wege hierher plötzlich von einer Nierenkolik befallen worden sei, die ihr große Schmerzen verursache. Da Martina in etwa zwei Wochen ein Kind erwartete, traute ich ihrer Diagnose nicht ganz und nahm sie mit in das Krankenhaus.

Nach einer knappen Stunde schrie ein kleiner Bub aus Leibeskräften, Mutter und Kind waren gesund. Dass sich das Leben dieser jungen Frau nun grundlegend ändern würde, schien diese nicht zu beeindrucken. Sie und ihr Kind, so meinte sie, könnten zu Hause auf dem Stetterhof bleiben. Auf meine Frage, ob sie den Kindsvater heiraten wolle oder könne, antwortete sie ausweichend. - Die Frage der Vaterschaft wurde ohne Schwierigkeiten geklärt. Der junge Lehnerbauer bekannte sich zu diesem Kind. Bald danach heiratete er - eine andere. Martina wurde nicht Lehnerbäuerin. Sie nahm das weiter nicht tragisch.

Ihr Leben verlief in normalen Bahnen, denn Mutter und Großmutter versorgten den kleinen Stefan, und hinsichtlich der Alimente gab es keine Probleme, sie erfolgten pünktlich und korrekt. Martina, die Frohnatur, war mit sich und der Welt zufrieden.

Nach einigen Wochen führte mich der Weg am Stetterhof vorbei. Man bat mich herein, um mich von dem prächtigen Gedeihen des kleinen Stefan zu überzeugen. Die Urgroßmutter bewegte kräftig den Kinderwagen hin und her. Um mich von der Wichtigkeit ihrer Arbeit zu überzeugen meinte sie: »Schau, fest schubsen muass ma, da san s' brav, die Kinder!« Aber ich traute meinen Augen nicht, der Kinderwagen war leer. Urgroßmutter »schubste« aus Gewohnheit, ohne zu wissen, dass das Kind oben in seinem Zimmer ruhig und zufrieden schlief.

Jahre vergingen. Das Leben der alten Frau ging zu Ende. Als man sie aus dem Haus trug, verließen einige Wochen später auch Martina und Stefan den Stetterhof.Sie heiratete einen Handwerksmeister in einer benachbarten Gemeinde. Im Stetterhof rüstete man zur Hochzeit von Martinas Bruder, des Hoferben. Nach altem Brauch wurde dieses Ereignis groß gefeiert. Es kam wieder neues Leben in den jahrhundertealten Hof. Vier Mädchen kamen rasch nacheinander. Sie waren alle gesund und munter, aber es waren eben nur Mädchen.Das war nicht ganz im Sinne des jungen Bauern. Als etwas später dann der Hoferbe auf dem Stetterhof geboren wurde, feierte man seine Taufe mit einem aufwendigen Fest.

Ein Jahr nach Martinas Hochzeit wurde ich auch zu ihr geholt, um einem kleinen Mädchen zum Leben zu verhelfen. Marianne war ein besonders hübsches Kind, aber Mathias Breitmoser, der Vater, hätte für seinen Handwerksbetrieb lieber einen Sohn gesehen und hoffte für später auf einen männlichen Erben. Stefan, den Martina mit in die Ehe gebracht hatte, sah er nicht als seinen Nachfolger an. Aber Kindersegen gab es keinen mehr. Marianne blieb das einzige Kind.

Dass Mathias Breitmoser sowohl in seinem Betrieb als auch in der Familie streng regierte, war unübersehbar. Martina war nicht mehr das fröhliche, lachende Mädchen, das ich von früher kannte. Auch Stefan schien verschüchtert. Vater Breitmoser hielt alles fest in seinen Händen. Der Betrieb funktionierte vorbildlich. Sein Wort hatte überall Gewicht und ohne seine Einwilligung geschah nichts.

Einige Jahre später. Nach einem langen, strengen Winter zog der Frühling mit seinem ersten Grün ins Land. Eines Tages kam die Lehnerbäuerin mit einem seltsamen Anliegen zu mir. Ich kannte sie schon lange, die Lehnerin von Bachöd. Dreimal war ich bereits bei ihr gewesen, um ihren zwei Buben und den beiden Zwillingsmädchen auf diese Welt zu helfen. Ohne Umschweife kam sie zur Sache: »Moanst, dass des stimmt«, fragte sie, »dass mei Mo der Vater von der Martina ihrem Kind is?« Als ich ihr zu verstehen gab, dass ich das nicht wissen könne, und selbst wenn, ich an die Schweigepflicht gebunden wäre, meinte sie: »Woaßt, der Bua schaut akkurat aus wia a Mann von unserm Dorf. Der gleiche Gang und haargenau des gleiche Gsicht. Ärgern tät's mi, wenn mei Mo de ganzen Jahr umsonst zahlt hätt und der Hof aa no des Erbteil für den Bankert rausgeben soll.« Auf meine Frage, wo sie denn den Buben zu Gesicht bekommen hätte, antwortete sie: »An Weihnachten war er auf dem Stetterhof bei seinen Großeltern auf Bsuch, da hab i ihn in de Kircha gsehn. Betn hab i da nimma könna, des kannst ma glaubn.« Ich fragte die Lehnerbäuerin weiter, was denn ihr Mann dazu sage. Sie antwortete: »Des is ja des, dem is alles wurscht, er mag nix mehr hörn vo dera Gschicht, sagt er. Aber mir is des net wurscht, dera Sach werd i no nachgehn. Des bring i scho no außa.«

Nach einigen Wochen war es Martina, die ein Anliegen an mich hatte. Sorgen im Gesicht, in den Händen den Brief eines Anwaltes, berichtete sie mir von der Unterstellung der Lehnerbäuerin. Nicht so sehr die

Rückzahlung der Alimente, die Martina unrechtmäßig entgegengenommen hätte, interessierte die Lehnerbäuerin, als vielmehr die gerichtliche Annullierung der Vaterschaft ihres Mannes bezüglich Martinas Sohn Stefan. Nach bestehendem Recht stand auch einem unehelichen Kind das Erbteil des Vaters zu. Diese KlauseJ war es, welche die Lehnerbäuerin wurmte, denn so würde das Erbteil ihrer eigenen Kinder geschmälert.

Martina besuchte mich noch zweimal. Zunächst um mir zu berichten, dass sie und Stefan zur Blutentnahme vorgeladen worden seien, und etwas später mit der mehrere Seiten umfassenden Analyse der Blutgruppen. Das Ergebnis lautete: »Mit an Sicherheit grenzender Wahrscheinlichkeit ist Franz Wimmer in Lehnen nicht der Vater von Stefan Stetter.«

Martina war leichenblaß als ich ihr das Schreiben erklärte und ihr sagte, dass sie sich mit der Tatsache abfinden müsse, einen falschen Mann als Vater ihres Kindes genannt zu haben. Ich glaubte sie trösten zu müssen und sagte, dass deshalb die Welt nicht unterginge und Stefan gesund und in der Schule einer der Besten sei, das sei doch sehr viel Glück. Es schien, als sei Martina weit weg, als sie sagte: »I hätt halt so gern Lehnerbäuerin wern mögn.« Dann erzählte sie mir, dass sie mit Mathias Breitmoser keineswegs das Glück gefunden hätte, das sie erwartet habe. Er war kalt und gefühllos ihr gegenüber und unerbittlich streng zu Stefan. Das Zusammenleben der beiden wurde immer schwieriger. Von ihrem Mann wurde Martina als Schlampe und Hure beschimpft, die eines Daches über dem Kopf nicht wert sei.

Mehrere Wochen gingen vorüber. Von Martina hörte

ich nichts mehr. Heute denke ich oft darüber nach, was sich in der Familie Breitmoser in jenen Wochen abgespielt hat. Niemand wird es erfahren, denn Martina ist tot. Unter dem Druck der Ereignisse nahm sie sich das Leben. Stefans Großeltern holten den verwaisten Zehnjährigen zu sich. Sie zahlten auch die zu Unrecht beanspruchten Alimente zurück. Nach mehreren Jahren traf ich die Lehnerbäuerin wieder. Sie wirkte um viele Jahre älter, als sie in Wirklichkeit war. Der Tod Martinas schien sie zu belasten, denn am Ende unseres Gesprächs meinte sie: »Des hät's aa net braucht, dass sie sich deswegen glei umbringt.«

Ganz besonders in Erinnerung geblieben in Sachen Vaterschaft ist mir Frau Neuwald, deren Kinderlosigkeit ihr arg zu schaffen machte. Des Öfteren meldete sie sich bei mir, wenn wieder eine Hoffnung getrogen hatte. Sie verbiss sich so sehr in den Gedanken, ein Kind zu haben, dass auch ihre Ehe darunter litt. Nun glaubte sie, durch die Adoption eines Kindes ihre brüchige Ehe wieder kitten zu können. Aber ich musste ihr sagen, dass dies kein gangbarer Weg sei, ein Kind sei nicht dazu da, die Schwierigkeiten einer Ehe auszuräumen. Nur ein intaktes Zuhause biete einem Kind die Grundlage für körperliches und geistiges Gedeihen. Frau Neuwald hatte kein Verständnis für meine Ansichten. Sie hatte sich krankhaft in den Willen hineingesteigert ein Kind zu besitzen. Es kam so weit, dass sie ärztliche Hilfe in Anspruch nehmen musste, um wieder ihr seelisches Gleichgewicht zu finden. Sie kam zur Kur, um in der Stille der Bergwelt zu sich selbst zu finden. So glaubte man jedenfalls. Aber Frau Neuwald benutzte die Kur nicht nur zur

Genesung, sondern auch zur Untreue ihrem Mann gegenüber. Dieser Fehltritt belastete sie schwer. Wieder zu Hause, glaubte sie, ihn ihrem Mann beichten zu müssen. Es kam zur Versöhnung und Frau Neuwald schien wieder in Ordnung gekommen zu sein.

Einige Wochen später jedoch stellte sie fest, dass sie ein Kind erwartete. Nun war die Geduld ihres Ehemannes erschöpft, denn für ihn stand fest, dass der »Kurschatten« der Vater dieses Kindes war. Es kam zum zweiten Bruch der Ehe.

Eines Nachts kam nun Frau Neuwald mit Wehen in das Krankenhaus. Es wurde, wie schon so oft zuvor in meinem Berufsleben, eine lange Nacht, mit einer langen Beichte. Frau Neuwald trug das Foto des Mannes bei sich, dessen Kind sie jetzt erwartete. Ein intelligentes Gesicht, dunkle Augen, schwarze Haare, alles in allem eine ansprechende Erscheinung.

Tapfer und ohne zu klagen, ertrug die werdende Mutter den Wehenschmerz. Als am frühen Morgen ein kleines Mädchen zur Welt kam, das gesund und lebensfrisch war, da hatte die junge Mutter vergessen, unter welchen Umständen sie dieses Kind empfangen hatte. Als ich es ihr in den Arm legte, nahm sie es glücklich und liebevoll an sich und weinte vor Freude.

Nach einigen Tagen wurde ich stutzig. Das winzige Muttermal am rechten Ohrläppchen, die hellblonden Haare - bei dunkelhaarigen Eltern? Seltsam! Diese Dinge ließen mir einfach keine Ruhe. In einem Gespräch mit der Mutter äußerte ich meinen Zweifel hinsichtlich der Vaterschaft dieses Kindes. Da es auch mit der standesamtlichen Meldung einiges zu klären gab, bat ich Herrn Neuwald zu mir, um ihn von meiner Vermutung in Kenntnis zu setzen. Bei dieser Eröffnung verschlug es diesem Mann die Sprache und er erklärte sich auf meinen Rat hin bereit, sich einer Blutanalyse zu unterziehen. Wenig später bestätigten diese Werte meinen Verdacht, nämlich dass nicht der »Kurschatten«, sondern er selbst der rechtmäßige Vater der kleinen Angelika ist.

Noch am selben Tag besuchte Herr Neuwald Mutter und Kind. Wie mir schien, bahnte sich eine neue Versöhnung an. Als zwei Jahre darauf der kleine Thomas noch dazukam, war die Krise dieser Ehe endgültig überwunden.

24

Jahrzehnte war ich nun in meinem Beruf als Hebamme tätig, in dem ich anerkannt und geschätzt war. Undank bekam ich meist von solchen Menschen zu spüren, um die ich mich ganz besonders sorgte. So erging es mir bei Frau Klemens, einer jungen Frau, die ihr erstes Kind erwartete. Hier wurden mir Dinge unterstellt, die unfassbar waren. Der Schock war für mich so groß, dass ich glaubte, meinen Beruf aufgeben zu müssen.

Frau Klemens betreute ich während ihrer Schwangerschaft vom ersten Monat an. Nicht nur am Tage, auch des Nachts rief sie mich häufig zu sich, weil sie von einer unerklärlichen Unruhe geplagt wurde, die ihr zu schaffen machte und die wohl auf ihren Zustand zurückzuführen war. Mit einem beruhigenden Gespräch konnte ich diese Angst meistens abbauen. Ich bemühte mich ganz besonders um Frau Klemens, weil sie allein war; ihr Mann arbeitete als Ingenieur im Ausland. Frau Klemens war eine gebildete Frau mit guten Umgangsformen und lebte mit ihrem Mann in einer glücklichen Ehe, wie sie mir sagte. Am Stadtrand bewohnte sie ein schönes gepflegtes Haus mit großem Garten. Ein Leben, das nichts zu wünschen übrigließ, so hatte es wenigstens den Anschein.

Die Geburt ihres Kindes wollte sie aus verschiedenen Gründen zu Hause erleben. Ich riet ihr aber, in das Krankenhaus zu gehen, weil sie dort die beste Versor-gung hätte und auch sonst in guter Obhut wäre, vor allem aber nicht allein sei. Sie willigte ein.

An einem späten Abend war es dann soweit. Die werdende Mutter schien ruhig und ausgeglichen, weil sie sich in guten Händen wusste, und immer wieder sagte sie zu mir, wie froh sie darüber sei. Der Geburtsverlauf war normal, und das kleine Mädchen, das gegen Morgen geboren wurde, gesund. Auch das Wochenbett verlief ohne besondere Vorkommnisse. Nichts deutete auf eine krankhafte Veränderung hin. Nach einigen Tagen kam auch der junge Vater angereist und es schien, dass nun diese kleine Familie sehr glücklich sein könnte. Bis zum zehnten Wochenbetttag versorgte ich Mutter und Kind noch zu Hause. Ich freute mich, dass Frau Klemens ihre Unruhe verloren hatte, die sie während der Schwangerschaft so belastete. Eine nahe Verwandte kümmerte sich um die drei und sorgte für einen reibungslosen Ablauf im Haushalt.

Nach einigen Wochen läutete bei mir nachts die Hausglocke. Ein Taxi stand vor der Tür, dem Frau Klemens entstieg. Ich dachte: Sie wird wohl mit dem Kind Schwierigkeiten haben und Rat oder Hilfe einholen. Doch was mir die Frau zu sagen hatte, war ungeheuerlich: »Geben Sie mir sofort mein zweites Kind zurück. Ich weiß, dass ich Zwillinge geboren hatte, und Sie haben mir das Zweitgeborene unterschlagen, um es zu verkaufen, zu verschachern oder sonst was. Ich gebe Ihnen Zeit bis morgen früh um acht Uhr. Sollte ich bis dahin mein Kind nicht bekommen haben, erstatte ich Anzeige.« Sie sprach in höchster Erregung, ihre Augen funkelten böse, so, als sei sie zum Letzten entschlossen. Eine Flut von Schimpfnamen folgte ihren Worten. Sie schien ihre gute Erziehung vergessen zu haben. Doch damit nicht genug, sie spuckte ein paarmal kräftig auf den Boden, um mir damit ihre tiefe Verachtung zu zeigen. Ich stand wie erstarrt, nicht fähig, auch nur ein Wort zu sagen. Das Taxi war längst abgefahren, als ich immer noch auf derselben Stelle verharrte.

Frau Klemens muss verrückt geworden sein, war mein erster Gedanke, wie sonst konnte sie eine so ungeheuerliche Behauptung aufstellen? An Schlaf war nicht mehr zu denken. Ich war nicht in der Lage, einen klaren Gedanken zu fassen, ich wusste einfach nicht, was tun.

Am Morgen sah ich die Dinge nüchterner und überlegte, wie ich meine Unschuld beweisen konnte. Dabei musste ich feststellen, dass dies gar nicht so einfach war, denn Geburtshilfe leistete ich bei Frau Klemens allein. Es konnte niemand beschwören, dass sie tatsächlich nur ein Kind geboren hatte!

Als ich meiner täglichen Arbeit im Krankenhaus nachging, kam die Polizei, die schon mit der Sache betraut worden war, um mich zu hören. Der Beamte kannte mich und wurde, dass eine solche Unterstellung einfach absurd war. Auch Ärzte und Schwestern waren davon überzeugt, aber meine Unschuld beweisen, das war eine andere Sache, das konnte beim besten Willen niemand. Beim Schreiben des Berichtes an die Polizeibehörde fiel mir ein, dass eine zu erwartende Zwillingsgeburt im Mutterpass vermerkt sein müsste. Bei den mehrmaligen Voruntersuchungen hatte man das doch sicher festgestellt. Auch ein Bild von der letzten Ultraschalluntersuchung müsste existieren. Das könnte der Beweis sein, der mich entlastet!

Die folgenden Tage waren für mich eine Nervenprobe. Ich konnte einfach nicht glauben, dass man mir eine solche Ungeheuerlichkeit zutraute. Es gab nur eine Möglichkeit: Frau Klemens ist krank. Sie musste sich in die Vorstellung verrannt haben, Zwillinge geboren zu haben. Die zuständigen Ärzte wurden eingeschaltet und der psychische Zustand von Frau Klemens unter die Lupe genommen. Meine Vermutung bestätigte sich: Sie litt unter dieser fixen Idee. Die anschließende nervenärztliche Behandlung hatte Erfolg, Frau Klemens ist wieder gesund geworden. Ich habe sie aus den Augen verloren, denn die Familie zog von hier fort. Von den Vorfällen wurde bald nicht mehr gesprochen, sie sind in Vergessenheit geraten. Mich belasteten sie noch lange, auch heute denke ich manchmal daran zurück. Aber wer will bei einem kranken Menschen von böser Absicht oder Schuld sprechen?

25

Der Brandberg hoch über dem Inntal ist für Naturfreunde ein Juwel. Von weit her kommen Sommergäste und Ausflügler, um sich von seiner Höhe aus an dem herrlichen Ausblick, der weit über das Flusstal reicht, zu erfreuen.

Für mich war dieser Berg ein Alptraum, denn seine lange, extreme Steigung bereitete mir, besonders in den Wintermonaten, erheblichen Kummer. Aber auch heftige Regenfälle, die Steine und Geröll auf den Weg schwemmten, ließen mich manchmal verzweifeln. In den siebziger Jahren wurde dann dieser Weg leidlich befahrbar gemacht, so dass er für mich einigermaßen seinen Schrecken verlor. Oben auf der Kuppe angelangt, sagte ich jedes Mal »Gott sei Dank«. Auf dem großen Plateau breiteten sich, weit voneinander entfernt, die Gehöfte aus, jeder ein Reich für sich. Man glaubte hier oben dem Himmel besonders nahe zu sein: Die Sonne schien heller und die Sterne waren klarer. Da gab es keinen Straßenlärm, keine Auspuffgase, ab und zu hörte man von weit her einen Traktor oder eine Kirchturmglocke, sonst herrschte feierliche Stille.

Eines frühen Morgens fuhr ich wieder einmal auf den Brandberg zu einer Kleinbäuerin, die ihr zehntes Kind erwartete. Die Hilgerbäuerin, eine kleine, abgerackerte Frau, hatte auf dem Hof nichts zu Lachen. Ihre schwieligen, rauhen Hände zeugten von schwerster Arbeit, ihr Gesicht wirkte verhärmt und müde. Wie diese Frau das alles schaffte, war mir ein Rätsel. Von Schwangerschaftsverhütung hielt man nicht viel, obwohl wir des Öfteren darüber diskutiert hatten. Dazu kam, dass Ihre Schwiegermutter, eine harte Frau, deren Wort in allem zu gelten hatte, was Haus und Hof betraf, das Regiment führte.

Die neun Geburten waren alle schnell und ohne Komplikationen verlaufen, und am dritten Wochenbetttag war die Hilgerbäuerin jedes Mal wieder an ihre Arbeit gegangen, weil es die Schwiegermutter damals auch so gehalten hatte.

Die alte Bäuerin erwartete mich auf der Gred und sagte: »Bist guat aufa kemma übern Berg? Geh nur eini, d' Resi wart scho auf di.«

Die junge Frau lag blass und müde in den Kissen, die Lippen bläulich verfärbt, Schweiß perlte auf ihrer Stirn. »Heit is ois anders als sonst«, meinte sie »und Zeit is aa no net aus.« Bald stellte ich fest, dass sich das Kind in Querlage befand. Ich versuchte der werdenden Mutter klarzumachen, dass wir dieses Mal ins Krankenhaus gehen müssten und dass höchstwahrscheinlich ein Kaiserschnitt notwendig sein würde. »Ja mei, was werd da d'Muada sagn«, war ihre erste Reaktion. »Des muasst ihr scho du sagn, mei Mo, der Bauer, is aufn Viehmarkt in Mühldorf, da woaß ma nia, wann er hoamkommt.«

Telefonisch verständigte ich das Kreiskrankenhaus, damit man zur Sectio alles vorbereiten konnte. Nun war die Gelegenheit gegeben, im Zuge der Operation die Tuben zu unterbinden, um weiteren Kindersegen zu verhüten; diese Frau hatte schließlich weiß Gott ihre Pflicht getan! Die Hilgerbäuerin hatte mit ihrer Unterschrift bereitwillig das Einverständnis dazu gegeben und somit war auch die rechtliche Seite abgesichert. Aber Doktor Rüben, der die Operation vornahm, musste an diesem Tag wohl schlechter Laune gewesen sein, denn plötzlich fiel ihm ein, dass auch der Ehemann möglicherweise eine schriftliche Erklärung abgeben müsse. Ich sagte dem Arzt, dass ich mit Sicherheit wüsste, dass eine Tubenunterbindung auch im Sinne des Ehemannes sei. Aber er bestand auf der schriftlichen Einwilligung des Ehemannes, der aber nicht zu erreichen war. Die Hilgerbäuerin würde nun weiterhin Kinder bekommen, wer konnte wissen, wie viele noch!

Zwei Jahre gingen dahin. In einer Aprilnacht kämpfte ich mich wieder den Brandberg hinauf zum Hilgerhof, um dort dem elften Kind zum Leben zu verhelfen. Eine Hausgeburt sah ich in Anbetracht des schlechten Gesundheitszustandes der werdenden Mutter und der vorausgegangenen Sectio als erhöhtes Risiko an und nahm deshalb die Hilgerin mit in das Krankenhaus. Meine Entscheidung sollte sich als richtig erweisen.

Die Wehen kamen zögernd, immer längere Pausen folgten, es schien, als ob sich der Körper gegen soviel Beanspruchung wehrte. Nach mehreren Stunden ging die Geburt zu Ende und ein gesunder Bub schrie laut und kräftig.

Die Mutter meinte zu mir: »Jedsmoi is, als ob's des erste wär, dabei san's scho elfe, und jedsmoi mag ma 's liaber. I woaß net, wia's des gibt.« Ein Urgesetz, die Mutterliebe!

Die Nachgeburtsperiode machte erhebliche Schwierigkeiten denn die Plazenta war an der Operationsnarbe angewachsen. Es setzte eine so massive Blutung ein, dass ich für das Leben dieser Mutter keinen Pfifferling mehr gab. Es wurde alles unternommen, um den Blutverlust zu stoppen, aber es schien, als sei jede Hilfe vergebens. Selten in meinem Leben hatte ich eine solche Angst wie hier um diese Frau, deren Leben an einem dünnen Faden hing. Im Stillen betete ich: Lieber Gott, du kannst doch nicht wollen, dass eine Mutter von elf Kindern in unseren Händen stirbt. Das Schicksal der Hilgerin lag mir ganz besonders am Herzen, weil ich tiefen Einblick in das Leben dieser geplagten Frau genommen hatte. Nicht nur, dass ich allen ihrer Kinder zum Leben verholfen hatte, ich kannte ihre geheimsten Gedanken und Sorgen und wusste, wie wortlos sie sich der Härte der Schwiegermutter fügte und wie willenlos sie sich den Wünschen ihres Mannes unterwarf. Eine maßlose Wut überkam mich beim Gedanken an diesen Mann, dem ich nicht beibringen konnte, dass es Verhütungsmittel gibt, die den Kindersegen kontrollieren.

Nach einer Stunde intensivster Bemühungen hatten wir die Blutung so weit im Griff, dass Hoffnung aufkeimte, die nicht trog. – Ich danke heute noch Gott dafür, dass er mich in all den Jahren davor bewahrt hat, den Tod einer jungen Mutter erleben zu müssen.

Die Hilgerbäuerin erholte sich ziemlich schnell. Nach einigen Tagen besuchte ich sie noch einmal zu Hause, um nach ihr zu sehen. Ich traute meinen Augen nicht, als ich sie, vom Stall kommend und zwei schwere Eimer schleppend, auf mich zugehen sah. »Das ist ja ungeheuerlich, wo ist denn der Bauer?« »Ja mei, der is zum Wallfahrten nach Altötting wia jeds Jahr«, antwortete sie. Wir gingen in die Stube, weil ich nach dem kleinen Stefan sehen wollte. Hier erlebte ich eine weitere böse Überraschung. Der Kleine lag in seinem Bettchen an der Tür, die von den anderen Kindern unentwegt auf und zu gemacht wurde, und somit war der Bub einer ständigen Zugluft ausgesetzt. Verschwollene, eitrig verklebte Augen waren die Folge. Fürs Erste fehlten mir die Worte, als die Hilgerin, die meinen Unmut sah, erklärte: »I woaß scho, aber Mutter sagt, der Kinderwagen muass da stehn bleibn.« Ich wollte ihn an einen geschützten Platz stellen und suchte nun die alte Bäuerin. Es gefiel ihr gar nicht, was ich ihr zu sagen hatte, am wenigsten, dass ich behauptete, ihr Tun grenze an Körperverletzung. Auch der Bauer, der inzwischen von der Wallfahrt zurückgekehrt war und die Stube betrat, bekam einiges zu hören, was ihm gewiss nicht gefiel. Zur jungen Hilgerbäuerin gewandt, sagte ich schließlich: »Wenn du dich weiterhin von den beiden so beherrschen lässt, dann gehst du zugrunde. Das beste Beispiel sind deine Kinder, die nicht dir, sondern ihrer Großmutter gehorchen, weil sie in ihr die Respektsperson sehen.«

Heute, vierzehn Jahre nach diesem Gespräch, weiß ich, dass es einen Lichtblick im Leben der Hilgerbäuerin gibt, nämlich Stefan, dessen Geburt beinahe ihr Leben gekostet hätte. Geistig sehr rege, erfasste er rasch, welchen Zwängen seine Mutter ausgesetzt war. Er versteht sie zu stützen und zu trösten; eine starke Zuneigung verbindet die beiden. Und mittlerweile ist auch die Hilgerbäuerin zu der Erkenntnis gelangt, dass nicht nur andere, sondern auch sie einen eigenen Willen hat.

26

Ein langer Winter ging zu Ende, ein lauer Wind kündigte den Frühling an. In den Vorgärten der Stadt blühten die ersten Schneeglöckchen. Ich kam von einer Wochenpflege, als mir auf dem Weg zu meinem Auto Frau Kleinschmidt entgegenkam, die ihr erstes Kind erwartete. Mit müden Schritten, ganz gegen ihre Gewohnheit, ging sie langsam und bedächtig auf mich zu. Gerade wollte ich fragen, ob sie sich nicht wohl fühle, da sah ich, dass sie geweint hatte. Sie musste großen Kummer haben, denn die dunklen Ringe um die verquollenen Augen sprachen für durchweinte Nächte. Wieder brach sie in Tränen aus, als sie mir berichtete, dass ihr Mann sie nun kurz vor der Geburt ihres Kindes verlassen hätte, einfach so, ohne eine Auseinandersetzung. Er wohne jetzt bei seiner Freundin Ilse B. in derselben Straße und er hätte alle seine Sachen mitgenommen. Sie wisse nicht, wie sie mit diesem Schlag fertig werden solle.

Dies alles war kaum zu glauben. Wie konnte der nette, liebenswürdige Werner Kleinschmidt seiner jungen Frau so viel Leid antun? Er stammte aus gutem, religiösem Elternhaus, hatte beste Manieren und stand in ausgezeichneter beruflicher Position. Was mag ihn wohl zu diesem Schritt bewogen haben? Niemand wusste es und niemand verstand sein Verhalten, weder seine Frau noch seine Eltern. Aber wer kann schon so tief in die menschliche Seele blicken! Noch in dieser Nacht kam es zur vorzeitigen Geburt. Es beruhigte mich etwas, als ich sah, dass die werdende Mutter von ihrem Mann ins Krankenhaus gebracht wurde.

Doch bald wurde ich darüber belehrt, dass die Nachbarn Herrn Kleinschmidt geholt hätten, als sie merkten, dass die junge Frau in Wehen war. Um das Gesicht nicht ganz zu verlieren, war er der Aufforderung der Anwohner nachgekommen.

Unsicher stand er einen Augenblick an der Tür, als sei er unschlüssig über sein weiteres Verhalten; dann aber wandte er sich ab und wollte den Raum verlassen. Ich hinderte ihn daran und sagte, es sei doch das mindeste, ein paar gute Worte an seine Frau zu richten, wenigstens in dieser Stunde. Frau Kleinschmidt umarmte ihn schluchzend und glaubte ihn mit Gewalt festhalten zu müssen. Verärgert löste er sich aus ihrer Umklammerung und wollte wieder zur Tür, um diesen Unannehmlichkeiten zu entgehen. Ich hielt ihn zurück und sagte: »Wenn Sie noch ein bisschen Anstand und menschliches Mitgefühl haben, dann bleiben Sie wenigstens so lange, bis ihr Kind geboren ist.« Widerwillig blieb er am Kopfende stehen, teilnahmslos vor sich hinstarrend, bis ein kleines Mädchen seinen ersten Schrei tat, dann verschwand er in aller Eile.

Ich wischte der jungen Mutter den Schweiß und die Tränen aus dem Gesicht und tröstete sie, so gut ich konnte. Auch ich hatte ein ungutes Würgen in der Kehle. Meine gut gemeinten Worte erreichten Frau Kleinschmidt nicht. Sie war voller Verzweiflung und schrie und weinte wie von Sinnen. Für das Kind konnte sie keinerlei Freude empfinden, sie lehnte es ab, es in die Arme zu nehmen.

Beruhigungsmittel ließen den Nervenschock abklingen, sie konnte nun wieder zuhören, wenn man sie ansprach. Ich nahm ihre Hand und sagte, dass man Liebe nicht erzwingen könne, es müsse sich alles von selber ergeben. Ihr erster und wichtigster Gedanke solle jetzt das Kind sein, dem sie unter so schwierigen Bedingungen das Leben geschenkt hätte und das auf die Liebe der Mutter so sehr angewiesen wäre. Was ihren Mann beträfe, so glaubte ich, dass er eines Tages zu ihr und dem Kind zurückkommen würde. Aber diesen Weg müsse er allein und ohne Zwang finden. Frau Kleinschmidt nickte nur und schwieg.

Die ersten Wochenbetttage verliefen relativ gut. Von den letzten Ereignissen wurde nicht mehr gesprochen. Dem Kind schenkte die junge Mutter viel Interesse und Zuwendung. Ihre Stirn glättete sich, wenn ich es ihr in den Arm legte, und es war, als ob der Kontakt zwischen Mutter und Kind hergestellt sei. Kam ich zu Frau Kleinschmidt außer der Reihe in ihr Zimmer, saß sie immer am Fenster, schaute sehnsüchtig auf den Weg, der zum Krankenhaus führte, und wartete auf Besuch, auf einen ganz bestimmten Besuch. Aber jeden Tag die gleiche Enttäuschung – ihr Werner kam nicht.

Nach der Entlassung aus dem Krankenhaus kümmerte sich Frau Kleinschmidts Mutter um Tochter und Enkelin. Ich selbst besuchte sie noch über den zehnten Tag hinaus, um einer möglichen Wochenbettpsychose zu begegnen.

Als wir nach zwei Wochen die kleine Beate zur Taufe trugen, hatte Werner Kleinschmidt immer noch nicht den Weg nach Hause gefunden. Dann vergingen zwei Monate, da begegnete ich Ilse B. Dieses junge Mädchen mit ihrer unkomplizierten Art kannte ich schon lange. Als ich sie fragte, ob sie nun verheiratet sei, antwortete sie: »I wo, diesen Werner habe ich wieder nach

Hause geschickt. Das hält ja kein Mensch aus, wenn der Partner nur in eine Ecke stiert, keine Antwort gibt und auch sonst nichts mehr läuft, weil sein einziger Gedanke die Familie ist, von der er sich nicht abseilen kann. Nein, nein, ein solcher Zustand ist nichts für mich. Ich habe nun einen Mann im Blickfeld der ledig und frei ist. Viel besser so. Verheiratete Männer sind zu kompliziert.« Kurz darauf kehrte Werner Kleinschmidt zu seiner Frau zurück. Ich konnte dann sogar noch einmal zu ihnen kommen.

27

Ein Sommervormittag. Heiß schien die Sonne vom wolkenlosen Himmel. Die nahen Berge, Kampenwand und Hochgern, lagen in leichtem Dunst. Der See unten im Tal lag ruhig zwischen Büschen und Bäumen, und eine Entenmutter führte ihre fünf Jungen lautlos über das Wasser. Ein Bild des Friedens.

Ich kam gerade von der Wochenpflege bei der Daxbergerin und war nun auf dem Heimweg. Da sah ich, wie der Simmerl, der langjährige Knecht vom Dürlingerhof, winkend und rufend den Berg heraufschnaufte. Mein in der Gegend allseits bekanntes Auto verriet ihm meine Anwesenheit. »Griaß de, Frau Hebamm«, sagte er, »du sollst glei in unser Zuahäusl, zua Feixnerin kemma, da werst braucht, hat d' Bäuerin gsagt. Also i hab's ausgricht, jetzt tua di nimmer lang versamma und kimm glei!« Als ich noch Fragen stellen wollte, lief er schon den Berg hinunter, soweit sein kürzeres Bein dies zuließ. Was soll ich wohl bei der Feixnerin?, ging es mir durch den Kopf. Eine alte Frau mit gut 70 Jahren, die brauchte mich mit Sicherheit nicht mehr.

Der Simmerl erwartete mich schon im Hof, er war früher da als ich, weil er ja bergab gelaufen war und den kürzeren Feldweg genommen hatte.

»Wennst was brauchst, dann sagst es halt«, meinte er und ging damit wieder an seine Arbeit. Ich kletterte die Stiege oder genauer gesagt die Leiter hoch und fand die Tür zur Wohnung der Feixnerin weit offen. Was mich hier erwartete, war selbst für mich ungewöhnlich: Auf dem Fußboden der Stube lagen Mathilde und ihr Neugeborenes. Mathilde war die Enkelin der Feixnerin und wohnte und arbeitete in Traunreut. »I kann nix dafür«, war das erste, was sie sagte. »I bin ins Bett nimmer neikemma.«

Zwei große Augen schauten mir ängstlich entgegen, so, als käme nun ein Strafgericht. Ich beruhigte die junge Mutter und fragte, warum sie denn so ganz allein sei, das wäre doch nicht üblich und auch gefährlich in einer solchen Lage. Da berichtete mir Mathilde, dass sie, als sie vorzeitig Wehen verspürt habe, zur Großmutter geflüchtet wäre, diese aber zu Hause nicht angetroffen hätte. Ein Glück, dass Mathilde das Versteck des Wohnungsschlüssels kannte und sich somit wenigstens Zugang zur Stube verschaffen konnte. Trotz der Hitze draußen war es im Zuahäusl kühl, denn ein großer Birnbaum vor den Fenstern spendete reichlich Schatten.

Das Neugeborene zitterte vor Unterkühlung, es schrie und fühlte sich in der Kälte und Lieblosigkeit dieser Welt nicht wohl. Ich brachte Mathilde in die nebenliegende Kammer zu Bett und versorgte das Kind notdürftig. Um es baden zu können, musste ich mir erst warmes Wasser in der Küche der Dürlingerin holen. Diese war gerade dabei, mit dem großen Knödelbrotmesser von einem runden Laib Knödelbrot zu schneiden. Sie ahnte wohl meine Bitte, als sie sagte: »Wennst a hoaß Wasser brauchst, im Grandl is gnua drin, nimm dir nur, was d' brauchst. D'Feixnerin kommt eh glei, sie is ins Holz naus zum Tannenzapfen klaubn. Wennst nachat drent fertig bist, kommst uma, 's Mittagessen is eh bald so weit.«

Nun kam auch die Feixnerin vom Wald zurück. Vor der Stiege zum Zuahäusl begegneten wir uns. »Was tuast denn du bei uns da?«, war ihre Frage. Ich erklärte ihr den Grund meiner Anwesenheit und bat sie, keine bösen Worte an Mathilde zu richten, denn sie brauche nun ein Zuhause für sich und ihr Kind. Beide seien gesund, und das sei doch die Hauptsache. »So«, meinte die Feixnerin, »i moan, a lediges Kind, des is eher a Schand, sag i dir.« Der Blick der Feixnerin richtete sich zu Boden, sie betrachtete lange ihre Tannenzapfen. Sie schien über die veränderte Lage nachzudenken. Dabei, so meine ich, zermarterten widersprüchliche Gedanken ihr Gehirn. Zwei steile Falten auf ihrer Stirn zeugten von dem schweren Kampf, den die alte Frau mit sich führte. Immer wieder wischte sie sich mit dem Taschentuch den Schweiß aus dem Gesicht, unschlüssig über die Entscheidung, die sie zu treffen hatte. Langsam hob nun die Feixnerin den Kopf und fragte mich, mit warmem Ton in der Stimme, in der sehr viel Mütterlichkeit lag: »Was is, a Bua oder a Dirndl, und hat's die graden Glieder?« Als ich ihr sagte, es sei ein Bub und er sei völlig gesund, antwortete sie mit einem Seufzer: »Na ja, in Gotts Nam, i wer ihn scho mögn.«

Droben in der Stube betrachteten zwei Augenpaare das kleine Geschöpf, das nach dem warmen Bad ruhig und zufrieden in den Armen seiner Mutter lag. Die Urgroßmutter streichelte ganz sacht das noch nasse Köpfchen und zeichnete ein Kreuz auf die kleine Stirn.

Wieder einmal schien sich alles in gute Bahnen zu lenken. Es machte mich glücklich, zu dem Gelingen einen kleinen Beitrag geleistet zu haben.

Die Feixnerin schien plötzlich sehr beschäftigt und voller Fürsorge. Sie fragte mich immer wieder, ob

Mutter und Kind gesund seien und auch sonst alles in Ordnung wäre. Ich konnte also beruhigt die Heimfahrt antreten, denn Mathilde und ihr Kind wusste ich in guten Händen. Am nächsten Tag, als ich zur Wochenpflege kam, besprachen wir die Zubereitung der Säuglingsmahlzeiten, falls die natürliche Nahrung nicht ausreichen sollte. Ich erklärte der Urgroßmutter, wie dies am besten zu machen sei. Aber da kam ich der Feixnerin gerade recht! Ihr Wissen auf diesem Gebiet in Frage stellen, da konnte sie fuchsteufelswild werden! »Da lass i mir von neamd was sagn, aa von dir ned«, sagte sie. »I werd scho wissen, was i z'tun hab, weil i selber elf Kinder ghabt hab, und d' Mathilde hab i aa aufzogn.« – »Ja«, meinte ich, »da kennst dich freilich aus. Leben diese Kinder alle noch?« – »Na, na«, erwiderte sie, »sechse san gstorbn, aber deswegn lass mir aa nix sagn!« Nun war ich von der Tüchtigkeit der Feixnerin, was Säuglingspflege betraf, nicht mehr so ganz überzeugt. Ich empfahl Mathilde, viel zu trinken, damit die natürliche Nahrung für das Kind ausreiche und somit das Problem der Zufütterung entfiele. Die Dürlingerbäuerin hat das Ihre dazu getan und schickte jeden Tag frische Milch ins Zuahäusl, »damit der Bua was wird«, wie sie sagte.

Als ich nach zehn Tagen Mathilde und den kleinen Sebastian verließ, war nicht nur das Kind in allerbester Verfassung, auch Mathilde hatte die trüben Stunden vergessen, denn der Harlinger-Michl, der Kindsvater, besuchte Mutter und Kind und brachte die schöne Neuigkeit mit, dass er ein kleines Sach geerbt hätte und gerade vom Amtsgericht in Traunstein käme. Nun sei er Besitzer von Haus und Hof, und mit dem Heiraten möchte er »aa nimmer z' lang warten«. »Des

Sach is jetzt unser Sach«, meinte er zur Mathilde. Das war also der Heiratsantrag. Er war kurz und bündig, denn lange Reden schätzte er nicht, der Michl.

Zu Mathilde kam ich noch dreimal in ihr Gütl, um Anton, Max und Thomas auf die Welt zu helfen. Bald darauf starb die Feixnerin. Das kleine Erbe, das sie hinterließ, gehörte nach ihrem letzten Willen Sebastian, dem »Häuslbua«, wie sie ihn liebevoll nannte. Als eine junge Bäuerin auf den Hof kam, änderte sich so manches. Sie fand das Zuahäusl nicht mehr zeitgemäß, weshalb sie es wenige Zeit später abriss. Auch der große Birnbaum, der seit zwei Generationen seinen Platz behauptete, musste der Neuzeit weichen. Der Dürlingerhof war um ein Stück Heimatgeschichte ärmer geworden.

28

Im Laufe der Jahre hatte sich auch auf dem Lande einiges verändert. Die meisten Bäuerinnen zogen es vor, zur Entbindung das Krankenhaus aufzusuchen, weil die Leute auf den Höfen knapp wurden und eine Wöchnerin im Haus die Arbeit vermehrte. Es gab so gut wie keine »Ehehalten« (Dienstboten) mehr, Maschinen ersetzten die menschliche Arbeitskraft, und die Geschwister des Bauern oder der Bäuerin, die mit viel Einsatzbereitschaft und für wenig Lohn schwerste Arbeit auf dem Hof leisteten, fanden in der Fabrik eine angenehmere und meist besser bezahlte Arbeit. Man konnte sich glücklich schätzen, wenn es noch eine Großmutter gab, die die Kinder versorgte, damit die Bäuerin der Arbeit im Stall und auf den Feldern nachkommen konnte.

Meine Arbeit hatte sich, was Entbindungen betraf, deshalb mehr auf das Krankenhaus verlagert. Zur Wochenpflege kam ich nach wie vor in die Häuser der Wöchnerinnen, weil diese meist frühzeitig das Krankenhaus verlassen hatten und ich noch die ersten zehn Tage nach der Geburt für das Wohlergehen von Mutter und Kind verantwortlich war.

Im Krankenhaus wurden die beiden Belegärzte, die als praktische Ärzte mit viel Können bisher Geburtshilfe geleistet hatten, von einem Gynäkologen abgelöst, der neue Methoden anwendete. Nun kamen auch Kolleginnen aus anderen Gemeinden mit ihren werdenden Müttern, und somit war die geburtshilfliche Station immer recht gut belegt.

Aber jede Neuerung hat ihren Preis, denn mit der neuen Technik kam auch die Hektik ins Haus. Die programmierte Geburt war angesagt, ja sie wurde als der Weisheit letzter Schluss gepriesen. Die Zeit wurde auch im Kreißsaal hektisch, vom Abwarten hielt man nicht viel, Hauptsache alles ging schnell und außerdem konnte man sich die Nächte und Wochenenden freihalten. Nicht immer ließ sich die Natur zur Eile zwingen, sie rächte sich auf ihre Weise. Verletzungen der Geburtswege, vermehrte Blutungen, asphiktische oder zu früh geborene Kinder, das waren häufige Begleiterscheinungen der neuen Verfahren. Sie machten mich nicht glücklich. In einem Gespräch mit dem zuständigen Arzt wies ich auf die bedenklichen Folgen hin. Die Zeit, so meinte ich, sei ein wichtiger Faktor in der Geburtshilfe. Außerdem würde ein beruhigendes tröstendes Wort sich günstig auf die Gebärende auswirken, das sei allgemein bekannt. Das Gespräch war fruchtbar. Die programmierte Geburt gab es nur noch vereinzelt, und auch sonst schien wieder mehr Ruhe in unseren Kreißsaal einzukehren.

Eine werdende Mutter aus Waldkraiburg hielt allerdings wenig von der abwartenden Methode. Sie kam an einem Heiligabend morgens um sechs Uhr in das Krankenhaus, um, wie sie sagte, ihr Kind heute, am 24. Dezember, zur Welt zu bringen. Auf meine Frage, ob sie denn Wehen verspüre, meinte sie, das sei nicht nötig, der Herr Doktor würde das schon machen. Aber auf jeden Fall müsse heute am Heiligabend das Kind geboren werden, weil sie diesen Tag als Geburtstag ihres Kindes wünsche. Meine Einwände ließ sie nicht gelten, weil die Abmachung mit dem Herrn Doktor für sie unumstößlich sei.

Sie bekam ihr Kind noch am 24. Dezember, allerdings nach langen und schmerzhaften Wehen. Eine massive Blutung war der Preis für diese Manipulation. Aber man hatte erreicht, was man wollte, und so übersah man diese Nebenerscheinung. Als die Glocken um Mitternacht zur Christmette läuteten, war ich auf dem Heimweg, nachdenklich und mit mir uneins.

Immer mehr werdende Mütter sahen die Geburt in einem kleineren Krankenhaus oder gar eine Hausgeburt als erhöhtes Risiko an. Sie zogen es vor, in weiter entlegenen Kreiskrankenhäusern, in denen ich ebenfalls als Beleghebamme zugelassen war, ihr Kind zur Welt zu bringen. Dieser Meinung war auch Frau Petri. Sie glaubte, nach den drei Buben, die sie ohne Schwierigkeiten zu Hause geboren hatte, nun in ein Kreiskrankenhaus gehen zu müssen, weil hier die Versorgung optimal sei und der neue Facharzt ihr volles Vertrauen hätte. Zu Frau Petri hatte ich eine ganz besonders gute Beziehung. Ihr selbst und ihren Kindern hatte ich zum Leben verholfen.

Ich kam nun ihrem Wunsch nach, ihr auch bei der Geburt dieses Kindes beizustehen. Sie hoffte und wünschte so sehr, dass es diesmal ein Mädchen werden würde. Und eines späten Abends war es dann so weit. Damals ahnte ich noch nicht, wieviel Ärger und Sorgen mir diese Nacht bringen würde. Auf die Frage von Frau Petri, ob der Doktor gleich kommen würde, antwortete die Nachtschwester, dass er nachts nur in dringenden Fällen käme, Ausnahmen seien Privatpatienten. Ansonsten sei die Hebamme zuständig. Eine leichte Enttäuschung bei dieser werdenden Mutter, die mit der Anwesenheit des Arztes gerechnet hatte. Ich tröstete sie und meinte, es sei doch dreimal alles gut gegangen und sicher würde es auch jetzt keine Schwierigkeit geben.

Die Wehen zogen sich lange und schmerzhaft hin. Gegen Morgen wurde ein Mädchen geboren, das keine Reaktion zeigte, es war scheintot. Meine Wiederbelebungsversuche hatten nur geringen Erfolg. Dieses Kind wollte offenbar nicht leben. Es hörte zu atmen auf, sobald ich die künstliche Beatmung einschränkte. Ich bat die Nachtschwester, den Arzt zu verständigen, ihm die Lage zu erklären und ihn zu bitten, sofort zu kommen. Die Antwort, die mir der Arzt durch die Nachtschwester bestellen ließ, war unglaublich. Sie ist mir im Wortlaut noch heute in Erinnerung: »Ich darf annehmen, dass eine Hebamme in der Lage ist, auch ohne ärztliche Hilfe ein scheintotes oder asphiktisches Kind zum Atmen zu bringen. Sie soll sich nur Mühe geben. Ende.«

Ich tat nun alles, um das Leben dieses so sehr erwünschten Kindes zu erhalten. Und das Unglaubliche geschah. Es begann allein zu atmen. Man wird mir glauben, wenn ich sage, dass ich ein großes Glücksgefühl in mir verspürte. Nach soviel Nervenanspannung ein Erfolg, den ich für mich allein verbuchen konnte. Aber plötzlich bemerkte ich, dass das Kind behindert war. Als es frei zu atmen begann und alle Reaktionen sichtbar wurden, erkannte ich ungefähr das Ausmaß der geistigen Behinderung. Wenn ich heute diesem Kind begegne, dann habe ich immer ein schlechtes Gewissen, ein ungutes Herzklopfen, weil ich indirekt schuld bin an seinem Schicksal. Hätte ich meine Hände damals weniger glücklich eingesetzt, wäre den Eltern viel Leid erspart geblieben. Aber da steht der Eid des Hippokrates, der sich wie ein roter Faden durch mein Berufsleben zieht. Ihm in jedem Fall und unter allen Umständen Folge zu leisten, ist, so meine ich, ein Missgeschick.

Frau Petri glaubte, dass es besser sei, sich »auf Klasse« zu legen, um nicht mit den Müttern gesunder Kinder zusammen zu sein. Ihr Wunsch war verständlich, sie bekam ein Einzelzimmer, in dem sie tief deprimiert die Tage des Wochenbettes verbrachte.

Seit den siebziger Jahren waren die Familien nicht mehr gewillt, Kinderlosigkeit ohne weiteres hinzunehmen. Dieses Problem kann weitgehend gelöst werden. Durch Transplantation des Embryos versucht die Wissenschaft einzudringen in das Geheimnis unseres Werdens. Aber auch gegen zu reichen Kindersegen ist ein Kraut gewachsen. Unter anderem ist die »Pille« in der Lage, Geburten unter Kontrolle zu halten. Um jegliches Risiko auf diesem Gebiet auszuschließen, wurde am Paragraphen 218 kräftig gerüttelt. Der Schwangerschaftsabbruch ist unter bestimmten Voraussetzungen nun legal. In diesem Gesetz sind zwei Indikationen genannt: die medizinische, wenn das Leben der Mutter durch Schwangerschaft und Geburt gefährdet erscheint oder Erbschäden zu befürchten sind, und die soziale, die sich einer Nachprüfung entziehen kann. In unserer Wohlstandsgesellschaft werden Schwangerschaftsabbrüche zu mehr als 80 Prozent aus sozialen Indikationen vorgenommen!

Dieses Kapitel war eines der schwersten Belastungen in meinem Berufsleben. Zuzusehen, wie ein Embryo sich gegen den Tod wehrt durch verzweifelte Bewegungen der Extremitäten und wie es zusammen mit Blut und Zellstoff im Abfalleimer das endgültige Ende findet, das zerrt an der Nervenkraft. Ich bemühte mich, Verständnis für diese Mütter aufzubringen, doch in längeren Gesprächen mit ihnen wies ich immer wieder darauf hin, dass nicht durch Schwangerschaftsabbruch, sondern durch Verhütung und Vorsorge dieses Problem zu lösen sei.

Es passierte des Öfteren, wenn ich über Land fuhr, dass ich zu hören bekam: »'s grobe Weib kommt«. Eine gewiss nicht sehr schmeichelhafte Bezeichnung! Ich fragte verschiedene Leute, was denn dieser abwegige Name zu bedeuten hätte. Niemand wusste darauf eine brauchbare Antwort. Eine ältere Frau meinte: »Ja mei, des hat halt früher so gheißn und bei uns Alten is des so bliebn. De jungen Leut sagn des nur selten oder gar net.«

Als bei einem Taufessen einmal dieses wenig schmeichelhafte Wort wieder fiel, fragte ich den Pfarrer danach. Er sagte dazu: »Nicht das Aussehen ist damit gemeint, sondern vielmehr die Arbeit einer Hebamme. Ihre Tätigkeit galt früher als wenig ästhetisch. So wollte man mit dem umgangssprachlichen Wort ›grob‹ ausdrücken, dass diese Frau, dieses ›Weib‹ in unschönen, unguten, schmerzhaften Lebenslagen gerufen wird.«

Ich aber glaube, dass die Bezeichnung darauf zurückzuführen ist, dass in früheren Zeiten Hebammen meist aus den niederen Schichten kamen, während Mädchen und Frauen der gebildeten Kreise, die sich der Krankenpflege widmeten, diesem Beruf so gut wie ganz fern blieben. Außerdem setzt er eine hohe körperliche Leistungsfähigkeit voraus und war im ländlichen Gebiet wenig lukrativ.

Inzwischen wurden neue Erkenntnisse gewonnen. Man setzte sich nicht nur für die Aus- und Fortbildung der Hebamme ein, sondern auch für den sozialen Fortschritt des Hebammenstandes und dessen gesellschaftliche Anerkennung. Der Beruf der Hebamme sei schließlich so alt wie die Menschheit. In der Vergangenheit waren nur Frauen in der Geburtshilfe tätig. Manche von ihnen brachten es zu erstaunlichen Leistungen, auch im operativen Bereich. Schon Sokrates war von der Hebammentätigkeit seiner Mutter tief beeindruckt. Erst viel später fanden Ärzte Zugang zum Gebärbett. Der Wandel der Zeit brachte in der Geburtshilfe viele fortschrittliche Veränderungen. Fachärzte betreuen Schwangere und werdende Mütter. Kliniken und Krankenhäuser sorgen in keimfreier, aber auch steriler Umgebung für den reibungslosen Ablauf der Geburten. Die Hausgeburt fand man nicht mehr zeitgemäß. Man berief sich auf die hohe Sicherheit in den Kliniken.

Aber die achtziger Jahre haben auf diesem Gebiet geradezu eine Gegenentwicklung gebracht. Der unpersönliche Gebärbetrieb der Kliniken fand nicht immer Gefallen. Man besann sich wieder auf den Ablauf der natürlichen Geburt ohne Eile, mit möglichst wenig Medikamenten, und manchmal sogar auch auf die vertraute Umgebung zu Hause.

Als eine der letzten Landhebammen in Deutschland gab ich 1980 meine Niederlassungserlaubnis, die mich berechtigte, diesen Beruf auszuüben, an das zuständige Gesundheitsamt zurück.

Ich blättere heute oft in meinen Tagebüchern, die ich als Landhebamme im Laufe von vierzig Jahren geführt habe. Sie dokumentieren ein schweres Berufsleben vom Zweiten Weltkrieg an bis in die achtziger Jahre, das kein freies Wochenende, keinen Feiertag und keinen Urlaub kannte. Dennoch liebte und liebe ich diese Jahre, denn sie waren reich und erfüllt. Jede Seite hat ihr Schicksal, das eine glücklich, das andere traurig. Sie berichten von Kindern, die von ihren Eltern freudig erwartet wurden, doch auch von Söhnen und Töchtern, welche unerwünscht waren und es ein Leben lang blieben. An jedem dieser Schicksale nehme ich bis heute Anteil.

29

Es war die Zeit nach dem Zweiten Weltkrieg, als sich das Leben wieder zu normalisieren begann. Da hielt ich eines Tages das begehrte Schreiben in meinen Händen, dass ich, nach Prüfung meiner Unterlagen, zur Hebammenlehranstalt in der Universitätsfrauenklinik in Würzburg zugelassen sei.

Diese Schulen, die während des Krieges zu Lazaretten und Krankenhäusern umfunktioniert worden waren, wurden nun wieder ihrer eigentlichen Bestimmung übergeben.

Würzburg, die Mainmetropole mit ihren Weinbergen, den Marienfesten und dem Käppele, wurde für eineinhalb Jahre mein Zuhause. Nicht die Schönheit dieser Stadt hatte für mich Bedeutung, sondern die Hebammenlehranstalt, die für ihre Strenge und ihre gute fachliche Ausbildung bekannt war.

Schülerinnen aus allen Berufsschichten wurden hier für ihre spätere Aufgabe geschult. Ärzte und Lehrhebammen bemühten sich, uns im theoretischen, praktischen und ethischen Bereich das nötige Wissen zu vermitteln. Ich erinnere mich heute noch sehr genau an die Worte unserer Lehrhebamme, der Pflichtbewusstsein über alles ging: »Tun Sie immer Ihre Pflicht – und manchmal mehr als das, nur so können Sie vor sich und anderen bestehen.« Schwester Ilse war eine Persönlichkeit, eine Frau mit Geistes- und Herzensbildung, die hohe moralische Wertvorstellungen hatte und bemüht war, uns diese zu vermitteln.

Sehr bald erkannte ich, dass Geburtshilfe den ganzen Menschen erfasst, ihn bis zum Letzten fordert und dass man von einem Glücksgefühl erfüllt sein kann, wenn man vor dem Wunder einer Geburt und eines neuen Lebens steht. Mir wurde bewusst, dass es sich lohnt, mit ganzer und manchmal mit letzter Kraft tätig zu sein.

Im Laufe der Zeit lernten wir auch die anderen Lehrhebammen kennen, die uns im praktischen Bereich zu schulen hatten. Schwester Theresa war eine von ihnen: rotblond, groß, hager und stets verdrossen. Es lag nahe, dass Schülerinnen bei ihr nichts zu lachen hatten, wenn ihre Stimme laut und krächzend zu vernehmen war. Man sagte ihr nach, dieser Missmut liege in ihrer Vergangenheit; denn ihre große Liebe, ein angehender Priester, habe sich nicht für sie, sondern für die Kirche entschieden. Sie schreibe ihm heute noch lange, sehnsüchtige Briefe, die sie aber nie abschicke. Seit jener Zeit, so hieß es, stehe sie mit der Kirche auf Kriegsfuß. Es war schwer zu sagen, ob sie mit so viel Trauer im Herzen Erfüllung in diesem Beruf gefunden hat. Aber immer, wenn sie einer Mutter das Kind in die Arme legte, veränderten sich ihre Gesichtszüge, sie wurden wärmer, weicher, und manchmal deuteten sie ein kleines Lächeln an.

Ganz anders in ihrem Wesen war Schwester Maria, die mit sich und der Welt, so schien es, zufrieden war. Ihre Aussprache war leise, sie sagte in knappen Worten, was zu sagen war, am liebsten aber schwieg sie. Ihr Erkennungszeichen war der weiße Schleier an der Schwesternhaube, der immer ein wenig flatterte, wenn sie leichtfüßig durch den Kreißsaal ging. Von Seiten der Ärzte wurde sie bevorzugt behandelt. Sie räumten ihr auch einige Privilegien ein, denn sie war mit dem Herrn Professor und seiner Familie eng befreundet und das konnte unter Umständen der Karriere dienlich sein. Ich hatte das Glück, in ihrer Gunst zu stehen, weil wir beide aus Oberbayern kamen, den gleichen Dialekt sprachen und auch sonst einige Gemeinsamkeiten aufzuweisen hatten.

Die neuen, ungewohnten Eindrücke, die Mentalität der verschiedenen Lehrkräfte, der Klinikbetrieb, das alles war anfangs sehr belastend für uns Schülerinnen. Zwei von uns, die glaubten, dass alles über ihre Kräfte ginge, verließen die Schule.

Ein Lichtblick allerdings war Schwester Else, ein Mensch mit goldenem Humor und viel Verständnis für die Belange der Schülerinnen. Sie wurde von uns geliebt und verehrt, weil sie zu trösten und Mut zu machen verstand. In der Poliklinik galt sie als umsichtige Assistenz der Ärzte und war ihres überragenden beruflichen Könnens und ihrer reichen Erfahrung wegen geachtet, die sie als langjährige Feldschwester auf verschiedenen Kriegsschauplätzen gesammelt hatte. Mit manchen Ärzten redete sie rau, konnte tadeln, manches für nicht gut heißen, und junge Assistenzärzte schalt sie überheblich und dumm. Es war nicht ratsam, sich mit ihr anzulegen, für uns Schülerinnen aber war sie der ruhende Pol bei vielen unserer Ängste und Sorgen.

Die Säuglingsstation wäre naturgemäß für uns alle der liebste Arbeitsbereich gewesen, hätte es da nicht ein erhebliches Hindernis gegeben. Hier regierten zwei Nonnen, deren Strenge ihresgleichen suchte. Schwester Petronella, klein und rundlich, hatte das Bedürfnis, uns Schülerinnen ständig zu kritisieren. Die Wärmflaschen seien zu warm: »Wie oft muss ich das noch sagen«, oder sie waren zu kalt: »Hoffnungslos, diese Schülerinnen!« Die Kinder seien zu fest gewickelt, im selben Augenblick aber fand sie diese »Wicklerei« zu locker, es sei eine Schande mit uns, und für unser Examen sehe sie sowieso schwarz. War sie verärgert, dann watschelte sie wie eine Ente zwischen den Kinderbetten hin und her und führte Selbstgespräche über die Dummheit der Schülerinnen.

Schwester Claudia, die jüngere der beiden, war klug, intelligent und hatte das Sagen. Sie war groß und dünn wie eine Bohnenstange, ging stets mit erhobenem Haupt und war sich ihrer Würde bewusst. Ihr Blick, so glaubte man, ging weder nach rechts noch nach links, und trotzdem entging ihr nichts.

Zwischen diesen beiden Klosterschwestern kam es gelegentlich zu einem mehr oder weniger lauten Streitgespräch, wobei Petronella immer den Kürzeren zog. In einem Punkt aber waren sie sich immer einig, dass dieser Kurs der dümmste sei, der je in diesem Haus gewesen sei – eine Bewertung, die jeder Jahrgang von ihr hörte.

Erst viel später wurde mir bewusst, welch überragendes berufliches Können diese beiden Ordensfrauen besaßen. Ihr Rat und ihre Meinung galten für jeden Arzt uneingeschränkt. Ihre Strenge uns gegenüber hatte im Nachhinein gesehen Sinn.

Wir wurden geschult, die Kinder zu beobachten, nach ihrem Schreien Gesund und Krank zu unterscheiden, wir lernten, jede Regung wahrzunehmen und so Krankheiten zum frühesten Zeitpunkt zu erkennen.

Mehrere Fachärzte bemühten sich, uns die Regeln der Geburtshilfe beizubringen und uns das nötige Wissen auf diesem Gebiet zu vermitteln.

Einer unserer wichtigsten Lehrer war Dr. Neuhaus. Ein Zyniker und überzeugter Junggeselle, der, auf seine Ehelosigkeit angesprochen, zu sagen pflegte: »Warum soll ich mir eine Kuh kaufen, wenn ich gelegentlich ein Glas Milch trinken möchte.« Seine Ausdrucksweise war nicht immer erste Wahl, seine Aussprache laut, seine Worte hart und schneidend. Wir hatten heiligen Respekt vor ihm. Doch eines Tages, es war kaum zu glauben, bewies er, dass er das Herz am rechten Fleck hatte, dass er ganz anders sein konnte, als er sich gab.

Ein kleines Mädchen wurde eingewiesen, das durch eine Vergewaltigung übel zugerichtet war. Das Kind weinte, schrie und zitterte am ganzen Körper. Es reagierte geschockt auf alle Männer und ließ keinen Arzt an sich heran. Doch Dr. Neuhaus gelang es, die Kleine mit einfühlsamen Worten zu beruhigen. Er nahm sich sehr viel Zeit für dieses unglückliche Geschöpf, obwohl er immer unter Zeitdruck stand. So gewann er das Vertrauen des Kindes und konnte den körperlichen Schaden, der diesem kleinen Mädchen zugefügt worden war, beheben. Die seelischen Wunden würden noch einen langen Heilprozess erfordern – falls eine Heilung hier jemals möglich war. Von nun an sahen wir diesen harten Mann mit anderen Augen.

Jetzt, viele Jahre später, muss ich zu seiner Ehre bekennen: Dr. Neuhaus war trotz seiner rauhen Schale ein großartiger Mensch, ein äußerst qualifizierter Facharzt und ein guter Lehrer. Ich habe ihm viel zu verdanken.

Krankhafte Geburtsvorgänge und regelwidrige Lagen zu erkennen und ihnen erfolgreich zu begegnen, war ein ganz wichtiges Sachgebiet, besonders dann, wenn man bei Hausgeburten auf sich allein gestellt war. Dr. Dubrausky, ungarischer Abstammung, war bemüht, uns alle damit zusammenhängenden Vorgänge in Theorie und Praxis zu erläutern. Später erinnerte ich mich noch oft seiner Worte, wenn ich in schwierigen Situationen Entscheidungen zu treffen hatte.

Neben einigen anderen Ärzten war da noch der »Gott in Weiß«, Professor Burger, der über allem stand und vor dem alle in die Knie gingen, besonders dann, wenn er schlechter Laune war. Seine Gangart war würdevoll, gemessen; es war kein Gehen, es war ein Schreiten – ohne Hektik, ohne Eile. Hatte er, was selten genug vorkam, gute Laune, so erzählte er seiner Begleitmannschaft auf dem Weg zur Visite langatmig einen Witz, der jeder Komik entbehrte. Komisch war nur, dass seine Begleitung schallend lachte, wo es doch gar nichts zu lachen gab.

Sie alle plagten uns mit ihren Referaten, Belehrungen, Ermahnungen, mit ihrer Strenge. Heute weiß ich, dass dies alles zu unserem Besten geschah. Ohne das wären wir nicht geworden, was wir sind.

30

Hausschwangere in den Universitätskliniken waren »Anschauungs- und Unterrichtsmaterial« für angehende Ärzte, Studenten und Hebammenschülerinnen.

Im Kreißsaal standen immer mehrere Leute um eine Gebärende, an der alle Geburtsvorgänge erklärt wurden. Diese werdenden Mütter mussten sich auch in Hörsälen sowie zu praktischen Prüfungen der Studenten zur Verfügung stellen. Sie hatten keine andere Wahl, sie mussten sich notgedrungen in ihr Schicksal ergeben.

Die meisten von ihnen hatten ein schweres Leben hinter sich, wenn ein geordnetes Familienleben fehlte, sich finanzielle Schwierigkeiten ergaben und wenn sie von ihren Partnern in der größten Not allein gelassen wurden.

Trotz allem sagten diese Frauen »Ja« zum werdenden Leben und bekannten sich zu ihren Kindern. Sie verdienen weit mehr Achtung, als ihnen im Allgemeinen entgegengebracht wird.

Es ist erstaunlich, dass gerade bei diesen Frauen Mutterliebe in ganz besonderem Maße ausgeprägt ist. Das kleine Wesen, das in ihre Arme gelegt wurde, überschütteten sie meist mit Liebesbeweisen, oft fühlten sie sich durch dieses Kind nicht mehr allein und einsam. Hier war ein Wesen, das zu ihnen gehörte, das schutz- und hilfsbedürftig war. Einige dieser Mütter waren in der glücklichen Lage, ihr Kind behalten zu können; andere Kinder wurden zur Adoption freigegeben und fanden liebevolle Adoptiveltern, die ihnen die Geborgenheit in einer Familie geben konnten.

Die meisten dieser Kinder aber kamen in Heime, weil die Mütter glaubten, sich nicht ganz und für immer von ihnen trennen zu können. Mit dieser Entscheidung erwiesen sie ihren Kindern aber oft einen schlechten Dienst, denn ohne Liebe kann ein so junges Leben nicht gedeihen. Nahrung und Pflege sind nicht alles, und menschliche Wärme, Schutz und Geborgenheit des Elternhauses, Zuwendung, die jedes Kind dringend braucht, können Heime nicht bieten.

Die 19-jährige Wilma war eine dieser werdenden Mütter. Sie bekam immer große, traurige Augen und feuchte Hände, wenn sie als Lernobjekt herangeholt wurde und sich vor den Studenten ausziehen musste. Sie war still und schweigsam, ihr Leben und ihre Vergangenheit kannte niemand, denn davon sprach sie nie.

Wilma hatte seit mehreren Stunden Wehen, sie weigerte sich aber, so wie alle anderen den Kreißsaal vorzeitig aufzusuchen, um den häufigen Untersuchungen durch die Studenten zu entgehen. Sie hatte Glück, denn mittlerweile wurde es Nacht und die Besetzung des Kreißsaals war nur auf das notwendigste Personal beschränkt.

Wenig später hielt Wilma ihr Kind im Arm, das sie immer wieder streichelte, fürsorglich zudeckte und mit Küssen bedeckte. Ich stand, wartete und betrachtete die Szene. Mir war elend zumute, denn Wilma hatte ihr Kind zur Adoption freigegeben, und ich musste es ihr wegnehmen, für immer. Es war ein Augenblick, den ich bis heute in meinem Gedächtnis behalten habe. Damals wusste ich noch nicht, dass ich in meinem späteren Berufsleben des Öfteren in eine ähnliche Lage kommen sollte. Später meinte die junge Mutter zu mir: »Ich habe so viel gebetet und auf ein Wunder gehofft, dass ich mein Kind behalten könnte, aber in dieser Welt gibt es keine Wunder.«

Zur selben Zeit dämmerte auf der Privatstation unter schweren Medikamenten eine junge Frau vor sich hin. Sie hatte durch eine Fehlgeburt ihr Kind verloren, das sie mit Hilfe der ärztlichen Kunst der Natur nach langem Kampf abgetrotzt hatte. Der Tod ihres Kindes und vor allem die Nachricht des Arztes, dass Kindersegen nun nicht mehr möglich sei, stürzte sie in tiefe Depressionen, denen man erfolglos mit Medikamenten zu begegnen suchte.

In Wilmas Mädchen tat sich für diese verzweifelte Frau ein Hoffnungsschimmer auf, der für beide Teile zum großen Glück wurde. Dieses namenlose kleine Mädchen erreichte, was ärztliche Bemühungen nicht zustande brachten: Die seelische Genesung seiner Adoptivmutter war von Dauer und sie konnte dem heimatlosen Kind ein beschützendes Zuhause geben.

31

Unsere Ausbildungszeit näherte sich ihrem Ende und wir bereiteten uns auf das Examen vor, als der Klinikbetrieb von einer bestimmten Unruhe erfasst wurde. Eine hoch gestellte Persönlichkeit sollte stationär in unsere Klinik aufgenommen werden. »Der Hektik nach zu schließen, muss es eine Frau von allerhöchstem Rang sein«, meinte eine Kollegin. »Vielleicht kommt die Kaiserin von China«, witzelte eine andere.

Eines Tages hielt vor dem Klinikeingang ein alter Mercedes, dem ein Ehepaar entstieg, das ganz bescheiden dem Pförtner seinen Namen sagte: »Erzherzogin Regina von Sachsen-Meiningen und Erzherzog Otto von Habsburg.« Ein Ehepaar, das sein erstes Kind erwartete, sich darauf freute, wie so viele andere Eltern, und keinen Rummel um die werdende Mutter haben wollte. Wir wurden angewiesen, sie, wenn überhaupt, mit »Kaiserliche Hoheit« anzusprechen und möglichst präzise Antworten zu geben.

Am Abend des nächsten Tages setzten die Wehen ein, alles war in Aufregung, nur die werdende Mutter schien ruhig und gelassen. Sie lehnte jedes schmerzlindernde Mittel ab und wollte möglichst ohne Medikamente entbinden. Professor Burger leitete die Geburt, die reibungslos vor sich ging. Gegen Morgen schrie ein kleines Mädchen laut und kräftig, dem Rang und Titel noch völlig gleichgültig waren und das sich nur nach mütterlicher Wärme und Geborgenheit sehnte. Eine Geburt wie tausend andere, hier gab es keinen Rang und keinen Standesunterschied.

Nach einigen Tagen wurde die Taufe vorbereitet, die Feier sollte in der Krankenhauskapelle stattfinden, und der Rummel begann. Aus Österreich kamen Abgeordnete verschiedener Gruppierungen, Anhänger der k. u k. Monarchie, Geschenke und Blumen häuften sich, und immer wieder Gruppen in ihren Trachten und Fahnen. Der Rummel war perfekt!

Als Höhepunkt galt die Ankunft von Kaiserin Zita, die aus New York angereist kam, um die Taufe ihres Enkelkindes mitzuerleben. Das Taufwasser wurde aus den drei Ländern Österreich, Böhmen und Ungarn, letzteres unter russischer Besatzung, herbeigeholt. Das kleine Gotteshaus, einschließlich Privatstation, glich einem einzigen Blumenmeer. Erst spät am Abend kehrte Ruhe ein, wohlverdiente Ruhe für Mutter und Kind und für das zuständige Personal.

Ich war auf dem Weg zur Nachtwache auf der Säuglingsstation. Auf dem Schild eines der kleinen Bettchen hieß es ganz schlicht: »von Habsburg«. Wir nannten die Kleine, die bei der Taufe vier oder fünf Namen erhielt: »Prinzessin«, weil uns nichts Passenderes einfiel.

Die kleine Prinzessin war ein ruhiges Kind, das nach seinen Mahlzeiten zufrieden einschlief, doch in jener Nacht war sie unruhig und quengelig und mit nichts zu beruhigen. Ihren Unmut äußerte die Kleine durch lautes Schreien, das bei ihr ganz ungewohnt war. Die kleine Stirn zog sie in Falten, und ihre rotblonden Haare standen wie aus Protest zu Berge. »So kenne ich unsere Prinzessin gar nicht«, sagte ich zu Anni, meiner Kollegin. Doch die hatte eine plausible Erklärung dafür: »Wenn du mi' fragst, da is' des russische Taufwasser schuld, des hat des Kind net vertrag'n«: eine allergische Reaktion sozusagen. Endlich, es war schon 2.00 Uhr, schlief die Kleine vor Übermüdung ein. Kurz darauf wurde leise an die Tür geklopft. Ihre Kaiserliche Hoheit fragte ganz bescheiden, ob sie eintreten und nach ihrer Tochter sehen dürfe. »Bitte, Kaiserliche Hoheit«, sagte ich, obwohl ich wusste, dass das Kinderzimmer für Außenstehende absolut tabu war. Aber eine Kaiserliche Hoheit hatte Privilegien. Der glückliche Blick dieser Mutter ruhte lange auf ihrem Kind, das nun tief und ruhig schlief. »Es ist ein liebes Kind und so zufrieden, wecken wir es nicht«, sagte sie leise. Anni stupste mich mit dem Ellbogen, und beide dachten wir an die Schreistunden, die die kleine Prinzessin hinter sich hatte. An der Tür drehte sich Hoheit noch einmal um und meinte: »Welcher Segen, ein gesundes Kind zu haben.« – »Gewiss, Kaiserliche Hoheit«, antwortete ich.

Es war, als habe diese Mutter die Unruhe ihres Kindes gespürt, und als sei sie – einem inneren Zwang folgend – gegangen, um nach ihm zu sehen.

Schwester Claudia behauptete immer, es gebe gewisse Strömungen, Kontakte zwischen Mutter und Kind, die auch außerhalb des mütterlichen Körpers und Kreislaufs bestünden. Im Laufe meines Berufslebens hat sich dies immer wieder bestätigt. Bei lebensbedrohender Krankheit der Mutter nach der Geburt und im Wochenbett, wie Eklampsie oder Embolie, deren Ausgang man noch nicht abschätzen konnte, gab das Verhalten des Kindes Aufschluss über den Krankheitsverlauf bei der Mutter.

32

Wer kennt sie nicht, die Prüfungsangst, die einen befällt, wenn man die Kenntnisse unter Beweis stellen muss, die man sich in einer Ausbildungszeit angeeignet hat. Es ist wie ein Fieber, das einen befällt und an den strapazierten Nerven rüttelt.

Nur noch wenige Tage trennten uns von dem ersehnten und doch so gefürchteten Ereignis, dem Examen, als ich einen Brief von meiner früheren Lehrerin erhielt. Fräulein Wiegand war eine ältere Dame, die die mittleren Schulklassen unterrichtet hatte, und das mit ungewöhnlicher Strenge. Sie war ein wenig schrullig, ein wenig eigen und kränkelte ihr Leben lang. Dass ich ihre Gunst besaß, zeigte sich dadurch, dass ich jeden Tag ihre Medizin holen durfte, die mir ihre Haushälterin aushändigte. Dieser Auftrag bedeutete für mich eine besondere Auszeichnung. An all das dachte ich, als ich den Brief öffnete, der mir in Fräulein Wiegands eigenwilliger Schrift Dinge aufzeigte, die mich erschütterten. Auf mehreren Seiten berichtete sie mir, wie enttäuscht sie von mir und meiner Berufswahl sei. Da hieß es: »Ein halbwegs anständiger Mensch, und zu diesen zähle ich dich, wird einen solchen Beruf niemals wählen, denn nur Frauen der unteren Gesellschaftsschichten sind in diesem Bereich tätig. Um so bedauerlicher ist deine Berufswahl, wenn man bedenkt, dass es in verschiedenen Kirchen einen besonderen Platz in der hintersten Ecke gibt, der für die Hebamme und den »Schinder« (Abdecker,

Notschlächter) bestimmt ist, weil diese Personen als unterprivilegiert gelten. Nein, meine Liebe, nein! Ich hätte dich lieber als Lehrerin gesehen!« Weiter hielt sie Rückschau auf das Mittelalter, auf die Zeit der Hexenverbrennungen, in der jede dritte Frau, die als Hexe verbrannt wurde, eine Hebamme war. In Köln seien damals fast alle Hebammen ausgerottet worden, weil sie in dem zweifelhaften Ruf standen, übersinnliche Kräfte zu besitzen, und deshalb als Hexe galten. Die Hexerei, so berichtete Fräulein Wiegand weiter, sei als Religionsverbrechen der Kirche unterstellt gewesen, und diese behandelte sie als Ketzerei und überstellte diese Personen dem Staat und dessen Gerechtigkeit, zur Vollstreckung der Todesstrafe.

Beim Lesen dieser Zeilen lief es mir kalt über den Rücken. Das war ja ungeheuerlich! Sollte das alles wahr sein? Oder war Fräulein Wiegand auf Grund ihres Alters nicht mehr ganz bei Verstand? Beim Nachdenken erinnerte ich mich an unseren alten Herrn Pfarrer, der seine Schäflein trefflich zu charakterisieren verstand. Fräulein Wiegand stand bei Herrn Hochwürden in keinem guten Licht, als er einmal meinte: »Ja mei, wenn ma' das Lexikon von vorn bis hint' fast auswendi' kennt, dann fangt ma' aufamal zu spinna an, da is' ma' überdraht, so wie des Fräulein Wiegand.«

Zum Schluss ihres Briefes schrieb sie einlenkend: »Obwohl ich deine Entscheidung nicht begreife, so muss ich sie doch respektieren, weil dieser Beruf dein besonderer Wunsch war.«

Dieser Brief brachte mich ganz schön durcheinander, es wäre besser gewesen, er hätte mich nach dem Examen erreicht. Etwas verwirrt suchte ich nach entsprechender Literatur und wurde fündig. Fräulein Wiegand war gut informiert. Diese Dinge haben sich im Mittelalter bedauerlicherweise tatsächlich ereignet. Aber die neue Zeit brachte neue Erkenntnisse und gesellschaftliche Anerkennung dieses Berufes.

In den Tagen des Examens war Schwester Else vollauf beschäftigt, uns zu beruhigen und unser Selbstvertrauen zu stärken. Mit Zuckerstücken, auf die sie Baldrian tropfte, versuchte sie, uns den letzten Rest Angst zu nehmen. Sie versicherte, dies sei das einzige und zuverlässigste Mittel gegen Prüfungsangst. Es half tatsächlich, aber nicht der Baldrian war es, sondern ihre warmen, beruhigenden Worte, die uns diese Tage gut überstehen ließen.

33

Mit dem Prüfungszeugnis, der Anerkennung als Hebamme und einer Niederlassungserlaubnis war ich nun anerkannte Hebamme, die berechtigt war, Hausgeburten allein und in eigener Verantwortung durchzuführen.

Damals wusste ich noch nicht, was alles auf mich zukommen würde, denn dieser Beruf hat mit Romantik nichts zu tun, er ist hart. Er fordert einem gelegentlich körperliche und seelische Höchstleistungen ab, so dass man manchmal glaubt, an der Grenze der Belastbarkeit zu sein. Für Zimperlichkeit ist in diesem Beruf kein Platz. Die Verantwortung, die man zu tragen hat, ist groß und schön, sie verpflichtet aber auch. Denn die Entscheidungen, die man treffen muss, können für das Leben und die Gesundheit von Mutter und Kind ausschlaggebend sein.

Das Bereithalten zu jeder Tag- und Nachtstunde brachte einen neuen, ungewohnten Lebensrhythmus mit sich, auf den ich mich erst einstellen musste. Vor allem musste ich lernen umzudenken, dass man bei Hausgeburten in der Landbevölkerung andere Verhältnisse vorfindet und dass hier andere Regeln gelten als in der sterilen Atmosphäre einer Klinik. Traditionen waren bestimmend und Aberglaube weit verbreitet. Es war für diese Menschen eine Selbstverständlichkeit, dass ihre Weltanschauung respektiert wurde.

Von mir wurde kein überaus großes theoretisches Wissen erwartet, wohl aber praktisches Können. Für geistreiches Gerede hatte man keinen Sinn. Mütterliche Zuwendung und gute Ratschläge, auch außerhalb der Geburtshilfe, waren geschätzt. Ebenso Zeit und Geduld, nicht nur in den Stunden der Wehen, sondern auch beim Anhören privater und familiärer Sorgen. Es war Brauch, mich mit »Du« anzusprechen, dasselbe wurde auch von mir erwartet. Diese sehr persönliche, vertrauliche Anrede brachte es mit sich, dass ich in die Familien dieser »meiner« Mütter mit einbezogen wurde und somit als eine der ihren galt und dass diese Bindungen noch bis heute bestehen.

Diese Landfrauen hatten keine Zeit, sich um die Schwangerschaft zu kümmern, denn ihre Arbeit auf dem Feld, im Stall und in der Familie nahm ihr ganzes Denken in Anspruch. Auf die gelegentlichen Unpässlichkeiten dieses Zustandes konnten sie notgedrungen keine Rücksicht nehmen.

Schwangerenvorsorge war unbekannt, selbst wenn es sie gegeben hätte, hätte man sie mit Sicherheit nicht wahrgenommen, denn eine Geburt sah man als eine natürliche Sache und nicht als Krankheit an. Außerdem wäre das mit Kosten verbunden gewesen, denn Krankenkassen gab es bestenfalls für die Dienstboten. Um das Geschlecht des Kindes zu erfahren, gingen ganz besonders Neugierige zum Wahrsagen oder Pendeln und sonst brauchte man keinen Arzt. Bei größeren Beschwerden half man sich mit Kräutern und Salben, in deren Anwendung Mutter oder Schwiegermutter Erfahrung hatten.

Der Tag der Geburt wurde bei Vollmond erwartet, was durchaus seine Berechtigung hatte. Wie ich in meinen späteren Berufsjahren erfahren habe, wurden die meisten Kinder bei Vollmond geboren. Auch sonst bestimmte der Jahreskreis den Lebensrhythmus dieser Menschen, in den religiöses Denken und Handeln mit einbezogen waren.

Einer Wallfahrt nach Altötting schrieb man große positive Wirkung auf die Geburt eines Kindes zu. Deshalb pilgerten viele werdende Mütter zur Gnadenkapelle, um die Gottesmutter um Hilfe in ihrer schweren Stunde zu bitten.

Diese Frauen verhielten sich in ihren Wehen meist still und klaglos. In der eigenen Familie und in der gewohnten Umgebung fanden sie psychischen Halt und waren somit ruhig und ausgeglichen. Wehenschmerz nahmen sie als unabänderlich und von Gott gegeben hin. Schicksalsschläge trugen sie gelassen, und die oft lieblose Behandlung durch ihre Ehemänner erduldeten sie in stiller Ergebenheit. Durch die harten Lebensumstände wurden diese Frauen zu belastbaren Menschen geformt, die auch im Schmerz einen Sinn sahen.

Im Gegensatz zur Landbevölkerung zeigten Frauen aus städtischen Gebieten unterschiedliches Verhalten im Schmerzzustand. Sie reagierten oft weit empfindlicher und wollten nicht wahrhaben, dass auch Schmerz positiv zu betrachten sei. Es war mehr Hektik im Umfeld des Geschehens, und Ungeduld und Nervosität führten manchmal zu unkontrollierten Worten und Handlungen. Es fehlten häufig die Ruhe, die Beschaulichkeit, die Geduld, aber auch die Ergebenheit, Schmerz ertragen zu wollen und zu können. Für die meisten dieser Frauen war Schwangerschaft keine natürliche Sache, sie betrachteten diesen Zustand als Krankheit und wurden auch als Kranke behandelt. Ansonsten fühlten sie sich als Schwangere ungeheuer wichtig, denn ein Kind zu bekommen war etwas Besonderes, dem die Umwelt Rechnung zu tragen hatte.

Frauen aus »gebildeteren« Schichten hielten ihren Schmerz meist unter Kontrolle und achteten auf meine Anweisungen. Ebenso ertrugen religiöse Mütter, ganz gleich welcher Konfession sie angehörten, ihren Wehenschmerz mit innerer Gelassenheit. Eine Ausnahme bildeten die Südländerinnen, die ihren Gefühlen, sei es Freude oder Schmerz, freien Lauf ließen. In solchen Stunden wurden die Eigenheiten der einzelnen Frauen ganz besonders sichtbar.

Die strengen Moralgesetze brachten es mit sich, dass es ledige Mütter außerordentlich schwer hatten. Denn außerhalb der Ehe ein Kind zu bekommen, war unehrenhaft und wurde als Schande angesehen. Ein solches Mädchen war das schwarze Schaf der Familie und galt als Schlampe; ein Gang über die Straße wurde für sie zum Spießrutenlaufen mit schadenfrohem und bösem Gerede. Es war ein Makel, der Mutter und Kind oft zeitlebens anhaftete.

Kam dann noch hinzu, dass sich der Kindsvater weigerte, sich zu seinem Kind zu bekennen, so war ein solches Mädchen meist im Zustand höchster Verzweiflung, wenn sich nicht doch noch gutherzige Menschen fanden, die sich seiner annahmen.

Von Seiten der Kirche, des Klerus, war in solchen Fällen weder Hilfe noch Trost zu erwarten, bestenfalls Vorwürfe über das unsittliche Verhalten, dessen Folgen man nun zu tragen hätte. Als wie diskriminierend ein uneheliches Kind bewertet wurde, war schon bei der Taufe sichtbar. Auf Anordnung der Pfarrämter hatte man zur Eintragung der Personalien ins Taufregister zwei verschiedenfarbige Formulare zu benutzen. Bei ehelichen Kindern ein weißes, bei unehelichen Kindern ein gelbes Papier. Es war also deutlich erkennbar, welchen Familienstand die Mutter des Kindes hatte, das getauft werden sollte. Als ein junger Pfarrer, dynamisch und aufgeschlossen, in unserem Ort sein Amt antrat, veränderte sich manches. Die gelben Formulare fand er nicht mehr zeitgemäß, sie verschwanden. In einem Brief an mich begründete er seine Entscheidung in sehr schönen Worten, die mir aus dem Herzen gesprochen waren.

34

Sie hatten es schwer, die ledigen Mütter, in der Vergangenheit. Ganz besonders schwer hatten es diejenigen, deren Partner sie allein gelassen hatten und die zu dem körperlichen Schmerz auch noch seelisches Leid zu tragen hatten. Sie waren häufig in Not und tiefster Verzweiflung.

An eine dieser jungen Mütter erinnere ich mich besonders, weil sie ohne ihre Schuld in diese traurige Lage gekommen war: nämlich an die fünfzehnjährige Anita.

Ein zartes, blasses Mädchen, ein Kind noch, dem ich damals zum Leben verholfen hatte, wurde nun selbst Mutter. Ich kannte ihre traurige Geschichte, sie war erschütternd.

An einem Sommernachmittag lud sie ein Freund ihrer Eltern zu einer Fahrt in seinem neuen Auto ein. Ahnungslos und voller Begeisterung folgte Anita der Einladung, die der noch Vierzehnjährigen zum Verhängnis werden sollte. In der Nähe des Chiemsees geschah das Unglaubliche: Sie wurde von diesem angeblichen Freund ihrer Familie, zu dem sie vertrauensvoll ins Auto gestiegen war, vergewaltigt und diese Tat blieb nicht ohne Folgen.

Wie mir Anita später erzählte, war die seelische Erschütterung aufgrund dieses Vorganges so groß, dass sie wegen des Schocks erst zu Hause zu schreien anfing und endlich weinen konnte. Sie hatte das Glück, eine großartige Mutter zu haben, die sie in die Arme nahm und tröstete. Doch das Geschehene war nicht mehr zu ändern. Als man nun vor der Tatsache stand, dass Anita ein Kind erwartete, beschloss die Familie, dieses ungewollte Kind zur Adoption freizugeben, denn einen Abbruch der Schwangerschaft lehnte man aus religiösen Gründen ab.

Die Geburt dauerte lang und war schmerzhaft. Es war, als wollte sich der kindliche Körper dieser werdenden Mutter gegen die ihm zugemutete Qual wehren, indem die Wehen immer wieder für längere Zeit aussetzten, um dann erneut in heftigen Wiederholungen zu kommen. Anita konnte das, was mit ihr geschah, nicht fassen. Sie klammerte sich an mich, ihre großen Augen waren angstvoll, ihre Hände feucht. Mit Schweiß auf der Stirn stellte sie immer wieder die Frage: »Wie lange dauert das noch?«

Endlich war es da, dieses ungewollte kleine Wesen, das weder Anita noch ihre Familie haben wollten. Ein gesunder Bub wurde geboren, der sich mit lautem Schrei zu Wort meldete, so, als sei es ganz selbstverständlich, dass man ihm, da er nun einmal da war, Aufnahme und Zuwendung zu geben habe. Auf meine Frage, ob sie ihn sehen und im Arm halten möchte, antwortete Anita: »Nein, niemals, er würde mich wieder an das Geschehene erinnern, und das war furchtbar!« Ich legte das Kind zur Seite, in das angewärmte Bettchen, das in der Nähe der Mutter stand. Aber wie alle Neugeborenen, so empfand auch dieses Kind die Kälte dieser Welt und vielleicht auch deren Lieblosigkeit, indem es immer wieder einmal aufschrie und sich nicht beruhigen wollte. »Ist es ihm kalt?«, kam die Frage von Anita. »Würde es sich bei mir wohler fühlen?« »Ganz bestimmt«, antwortete ich, »es ist die natürliche Nestwärme bei der Mutter, die ein Kind ganz besonders braucht.«

Es wurde ganz still im Raum, als Anita den Kleinen im Arm betrachtete. Ihre Gesichtszüge, so schien es mir, waren nicht mehr kindlich, sie hatten etwas Reifes, Frauliches. Das Erlebte hatte sie, wie zu sehen war, geprägt. Sie fühlte sich ganz plötzlich zu ihrem Kind hingezogen, sie spürte, dass es schutzbedürftig war in seiner Hilflosigkeit. Der Kontakt zwischen Mutter und Kind war nun hergestellt, und das für immer. Als auch die Großeltern es für richtig hielten, dass Mutter und Kind zusammenblieben, war von Adoption nicht mehr die Rede.

Noch einmal kamen auf Anita schwere Stunden zu, als sie vor Gericht aussagen und den Hergang der Tat schildern musste. Der Mann konnte über dieses Verbrechen an einer Minderjährigen in einer mehrjährigen Freiheitsstrafe nachdenken.

35

Einen etwas anderen Verlauf nahm das Schicksal bei der 16-jährigen Tina, deren Freund zu ihr stand, als sie ein Kind erwartete. Tina war eine Scheidungswaise und lebte mit zwei Geschwistern bei ihrer Mutter, die, bedingt durch den Zerfall ihrer Ehe, eine harte, strenge Frau geworden war.

Sie tobte und schrie, als sie von der Schwangerschaft ihrer Tochter erfuhr. »Eine weitere Belastung wird mir da aufgebürdet, als ob ich nicht sowieso schon genug davon hätte. Auf keinen Fall kommt mir dieses Kind ins Haus. Tina soll sehen, wie sie damit zurechtkommt!« Mit schriller Stimme schimpfend und schließlich weinend erwartete sie von mir einen Rat, der allen Beteiligten gerecht werden sollte. »Es gibt immer wieder einen Ausweg, auch wenn es noch so verzweifelt aussieht, doch eine voreilige Heirat kann man in Anbetracht der Jugend der beiden auf keinen Fall gutheißen«, meinte ich. »Wir werden das Kind zur Adoption freigeben, das ist die beste Lösung. Was meinen Sie dazu?« Fragend sah mich die Frau an und erwartete eine brauchbare Antwort von mir. »Warten wir erst einmal ab, vielleicht findet sich noch ein anderer, ein besserer Weg«, beruhigte ich die aufgebrachte Mutter. »Zu einer Adoption kann es immer noch kommen.«

Tina kam in regelmäßigen Abständen zu mir, nicht nur, um sich zu vergewissern, dass die Schwangerschaft einen guten Verlauf nehme, sondern auch, um ein paar gute Worte zu hören, die ihr Mut für das kommende Geschehen machten.

Dann kam die Nacht, in der wieder ein ungewolltes Kind auf die Welt kommen sollte. Ein gesunder Bub, dessen Schicksal vorerst noch niemand kannte. Tina wusste nicht, sollte sie lachen oder weinen, als ich ihr das Kind zeigte, und als sie es im Arm hielt, meinte sie: »Was wird wohl aus ihm werden? Ich möchte es so gerne behalten. Können Sie mir helfen?«

Die kommenden Stunden waren ereignisreich. Als erster kam der junge Vater und fragte ganz bescheiden und ein wenig schuldbewusst, ob er Tina und das Kind sehen dürfe. Man spürte, dass dieser Besuch der jungen Mutter viel Trost gab, denn sie war mit ihren Sorgen, die sie bedrückten, nicht allein. Der Vater ihres Kindes stand zu ihr, auch in der Zeit, da sie ihn am nötigsten brauchte. Dann kam Tinas Mutter, die nun ungewollt Großmutter geworden war und die sich damit nicht abfinden wollte. Mit strengem Blick und einem tiefen Seufzen trat sie wortlos an das Bett ihres Enkelkindes. Ich nahm es heraus und legte es, nicht ohne Hintergedanken, in ihre Arme. Schweigend betrachtete sie das schlafende Kind, ohne ihre Gefühle zu verraten. Ab und zu strich sie über seine feuchten Haare, zupfte da und dort an seinem Jäckchen, wortlos, abwesend. Hinter der in Falten gezogenen Stirn arbeitete es, widersprüchliche Gedanken waren es, die gegeneinander kämpften.

Doch dann geschah etwas Seltsames. Der Kleine erfasste einen Finger seiner Großmutter und hielt ihn ganz fest. Die verhärmten Gesichtszüge dieser verbitterten Frau entspannten sich und die zwei tiefen Stirnfalten waren verschwunden. In diesem Augenblick erschien sie mir nicht nur um Jahre jünger, sondern auch mütterlicher, sympathischer. »Sie muss wohl einmal sehr hübsch gewesen sein«, überlegte ich. »Wer weiß, was sie alles erlitten hat, dass sie so vergrämt erscheint.«

In der Hoffnung, den richtigen Zeitpunkt für meine Anrede gefunden zu haben, stellte ich die Frage: »Wie steht es nun mit der Adoption? Muss sie in die Wege geleitet werden?« »Adoption, wer red't denn von Adoption? Des lass i' mir net nachsag'n! Nix da, des Kind g'hört jetzt zu uns, so vui Platz ham mir scho no! Und irgendwann werd'ns' scho a'mal heirat'n, de zwoa«, meldete sich da die Großmutter.

Es wurde eine gute Ehe bei den beiden. Der kleine Markus ist heute ein erwachsener junger Mann. Er wird häufig, weil sie sich so ähnlich sehen, für den Bruder seiner jugendlichen Mutter gehalten. Nicht ohne Stolz meint er dann immer: »Das ist meine Mama.«

36

Eine Heirat mit einem vermögenden, angesehenen Mann, der außerdem einen wohlklingenden Namen hatte, war für junge Mädchen und deren Mütter das Erstrebenswerteste überhaupt. In Anbetracht der »glänzenden Partie« übersah man die damaligen strengen Moralgesetze oder setzte sich über sie hinweg, denn so ein Traummann rechtfertigte vieles. Natürlich tat man dies nicht unter den Augen der Öffentlichkeit, denn es galt auch den guten Ruf zu bewahren, der schnell seinen Glanz verlieren konnte. Aber manchmal sickerten doch gewisse Dinge durch, und im Ort hatte man wieder einmal für geraume Zeit Gesprächsstoff.

An einem Sommerabend besuchte mich zu später Stunde Frau Krüger, eine biedere Geschäftsfrau, mit ihrer Tochter, dem Finchen. Der Name Josefine schien der Mutter nicht liebevoll genug, und deshalb nannte sie ihr Kind, das eigentlich ein Bub hätte werden sollen, Finchen. Die Mutter schien Sorge um ihre 17-jährige Tochter zu haben, als sie mir berichtete, dass es dem Finchen in letzter Zeit gar nicht gut gehe; sie wolle von mir hören, ob diese Unpässlichkeit ernst zu nehmen sei. Ich war es gewohnt, dass ich nicht nur bei Schwangerschaft und Geburt oder bei gesundheitlichen Problemen der Kinder aufgesucht wurde. Auch sonst kamen des Öfteren Leute zu mir, bei kleineren Verletzungen und Beschwerden. Bei Krügers Finchen aber sah ich auf den ersten Blick, dass diese

Unpässlichkeit eine recht natürliche Ursache hatte. Eine Schwangerschaft, die schon bald offensichtlich werden würde. »Ausgeschlossen, völlig ausgeschlossen«, entsetzte sich die Mutter. Auch Finchen verwahrte sich gegen eine solche Behauptung, die absurd und ganz und gar unmöglich sei. Ich verstand die Erregung der beiden nicht recht. Denn das Finchen, so hieß es, sei verlobt mit einem Mann, der erfolgreich, weltgewandt und adeligen Standes sei. Vorzüge, die besonders die Mutter sehr schätzte. Dass er im Hause Krüger nicht nur aus und ein ging, sondern gelegentlich auch dort nächtigte, war ebenso bekannt. Unter den gegebenen Umständen sei eine Schwangerschaft, so meinte ich, doch im Bereich des Möglichen.

Völlig entnervt jammerte Frau Krüger: »Die Leute, das Gerede der Leute, nicht auszudenken! Und mein Mann, was der wohl sagen wird, wo er doch Viktor, ich meine den Herrn Baron, sowieso schon nicht ausstehen kann. Es ist ein Unglück, ein echtes Unglück!« Ihre Klagen nahmen kein Ende. Die zukünftige Großmutter konnte einem Leid tun in ihrer Verzweiflung. Als ich einwarf, eine vorgezogene Heirat würde das Problem lösen und das Kind würde dann ehelich geboren, was doch wohl auch im Sinne des Herrn Baron sei, meinte die Mutter: »Völlig unmöglich!« Finchens Berufsausbildung und die augenblicklichen Geschäfte des Herrn Baron ließen das nicht zu. Dieses Kind stehe allen Plänen im Wege. »Es darf auf keinen Fall kommen.« Völlig gebrochen wischte sie sich den Schweiß von der Stirn, und Finchen, blass, mit großen, verweinten Augen, schwieg. »Wenn Sie einen Abbruch der Schwangerschaft meinen«, belehrte ich sie, »dann muss ich Ihnen sagen, dass es dafür bereits zu spät ist. Aber ich weiß, dass Sie das bei genauer Überlegung nicht möchten.« Zu Finchen gewandt sagte ich: »Würdest du das wollen?« Finchen zuckte mit den Schultern, sie hatte keine Meinung, die hatte die Mutter, und diese brachte sie auch deutlich zum Ausdruck. Das Bild, das ich nun Finchen reichte, zeigte einen Fötus im 3. bis 4. Monat und ich erklärte ihr: »Schau, so sieht dein Kind jetzt aus, noch klein, aber alles deutlich zu erkennen. Du wirst nun bald spüren, wie es sich bewegt, wie es in dir wächst, und dann kommt der Tag, an dem du es lieb haben wirst, weil es ein Teil deiner selbst ist. Möchtest du es wirklich umbringen?« Fasziniert betrachtete sie das Bild, lange, sehr lange.

Spät in der Nacht verließen mich die beiden. Ich dachte über diese Begegnung nach und plötzlich wusste ich, dass dieses Kind weiterleben durfte.

Manchmal hatte ich Ahnungen oder bestimmte Gefühle, wenn ich auch nicht recht sagen konnte, woher sie kamen, sie waren einfach da und täuschten mich selten.

Finchens Eltern warteten mit ein wenig Sorge, aber auch mit verhaltener Freude auf ihr erstes Enkelkind, denn der Herr Baron war ganz plötzlich, ohne Abschied, verschwunden. Er hat sich seiner Verantwortung durch Flucht entzogen, noch bevor es zu der erwarteten Hochzeit kam. Der Traum von einem vermögenden, angesehenen Mann mit adeligem Namen war für Finchen und ihre Mutter ausgeträumt. Vater Krügers einziger Kommentar: »Gott sei Dank, i' hab's ja gleich g'sagt, dass es so kommt. Er war ein Nixnutz, ein Angeber«, und mit einem ironischen Unterton, »der Herr Baron.«

Wie im Nachhinein zu erfahren war, hatte dieser feine Herr weder adeligen Namen noch war er vermögend. Er war ein Gauner, auf den das Finchen hereingefallen war.

Der kleine Michael aber wurde angenommen und von seiner Mutter und den Großeltern gleichermaßen geliebt. Er wurde ein talentierter junger Mann, dem man nicht ansah, dass sein Vater ein Halunke war.

37

Uneheliche bzw. ungewollte Kinder, die die Mütter, aus welchen Gründen auch immer, nicht zu sich nehmen können, werden häufig in Heime abgeschoben. Diese Entscheidung sollte man als den allerletzten Ausweg sehen, denn nur in der Geborgenheit einer Familie kann sich ein Kind entfalten und seelisch gedeihen, weil es von Nestwärme und Liebe umgeben ist. Fehlen diese wichtigen Dinge, besonders in den ersten Lebensjahren, so sind Störungen im seelischen Bereich häufig die Folge. Die Familie bietet Stütze und Rückhalt, aber auch Verständnis in den Krisen und Stürmen der Jugendjahre.

Ich erinnere mich an den kleinen Michael, den seine geschiedene Mutter an einem Heiligabend geboren hatte. Ein uneheliches Kind also, dessen Vater unbekannt war und das ungewollt und ungeliebt ins Leben kam. Seine Mutter fühlte sich durch dieses Kind in ihrem Leben eingeengt und lehnte es aus diesem Grund ganz entschieden ab. Sehr bald erkannte ich die innere Einstellung dieser Rabenmutter und hatte ein wachsames Auge auf den kleinen Michael. Was ich da eines Tages zu sehen bekam, war erschütternd. Den Kleinen fand ich in der hintersten Ecke der Stube, angebunden an einen Stuhl, mit Merkmalen der Misshandlung am ganzen Körper. Mit Entsetzen sah ich auf das geschundene Kind, das mich mit seinen traurigen Augen ängstlich anblickte. Meine heftigen Vorwürfe nahm die Mutter kaum zur Kenntnis, denn ihr Kind war ihr gleichgültig.

Das Jugendamt übernahm nun die Aufsichtspflicht für Michael, der in ein Heim kam, weil seine Mutter sich weigerte, ihn zur Adoption freizugeben.

Jahre vergingen. Von Michael hörte ich nichts mehr, aber dieses gepeinigte Kind blieb in meiner Erinnerung. Durch Zufall erfuhr ich dann, dass er als Jugendlicher mit dem Gesetz in Konflikt gekommen war und in Untersuchungshaft sei. Eine schmerzliche Mitteilung für mich, weil ich zu dem kleinen Michael, der als Kind so viel hatte erleiden müssen, eine ganz besondere Beziehung hatte.

Es waren die letzten Tage des Advents, Michaels Geburtstag rückte näher. Am Heiligabend machte ich mich auf den Weg in das Untersuchungsgefängnis, um Michael zu besuchen. Ein dürrer, schlaksiger junger Mann sah mir mit großen, traurigen Augen entgegen. Meine Fragen beantwortete er mit Ja und Nein oder er hob gelegentlich seine Schultern, wenn er keine Antwort geben konnte oder wollte. Ich überreichte ihm ein Weihnachtspäckchen und sagte: »Einen schönen Gruß vom Christkind, Michael, und lass dir die Sachen gut schmecken.« Da weinte er, und erstmals hörte ich zusammenhängende Worte von ihm: »Bittschön, kommen Sie wieder, ich bin so allein.« Als sich die Tür hinter mir schloss, liefen auch mir die Tränen über die Nase.

Mit der Untersuchungshaft war Michaels Strafe abgegolten, und ich hoffte so sehr, dass er wieder den geraden Weg finden möge.

Die Schicksalswende für Michael kam, als er eine junge Frau kennen lernte, die verständnisvoll und warmherzig ihm, dem Gestrauchelten, wieder auf die Beine half und dafür sorgte, dass er in einem geordneten Zuhause das erhielt, was er so lange hatte entbehren müssen: Geborgenheit und Liebe.

Unsere Welt ist zutiefst kinderfeindlich und voller Widersprüche. Als Ausgleich für fehlende Zuwendung und Liebe, die erstrangig sein sollte, werden in unserer Wohlstandsgesellschaft Kinder mit Geld und Spielzeug überhäuft, um das schlechte Gewissen zu beruhigen. Andererseits aber werden Kinder geschlagen und missbraucht und die Umgebung dieser Misshandelten schweigt! Was ist aus unserer Welt geworden?

38

Der Stadlbauerhof, auf einer Anhöhe gelegen, war mit seinen grünen Fensterläden, dem roten Ziegeldach und den vielen Blumen rundherum einer der schönsten im Umkreis. Den vier Buben und zwei Mädchen habe ich vor Jahren zum Leben verholfen und es war für mich immer eine besondere Freude, dort tätig zu sein. Diese Bauersleute hatte ich nach der Geburt des letzten Kindes vor etwa 10 oder 12 Jahren aus den Augen verloren, als eines Nachmittags ein Anruf kam: »Sollst glei' zum Stadlbauer nach Zell kommen, aber nimmer z'lang warten.« Bevor ich eine Frage stellen konnte, wurde aufgehängt. »Nach so vielen Jahren braucht mich die Stadlbäuerin noch einmal. Ein Nachzügler also«, überlegte ich.

Der Weg war nicht allzu weit, die Straße einigermaßen gut, und bald war ich am Ziel, das mir eine nicht alltägliche Überraschung bringen sollte. Das Hühnervolk flatterte schreiend nach allen Seiten, als ich durch das offene Tor in den Hof einfuhr. Da kam auch schon der Stadlbauer aus einer Stalltüre heraus auf mich zu. Als er mich erkannte, starrte er mich mit offenem Mund sprachlos an. »Grüß Gott, Stadlbauer«, sagte ich. Nun erst fand er seine Sprache wieder. »Ja, was tust denn du bei uns?« Jetzt war es an mir, erstaunt zu sein. »Ihr habt mich doch rufen lassen – telefonisch«, setzte ich hinzu. »Ja wia gibt's denn des, wir brauchen den Tierarzt, net di«, antwortete er. Mittlerweile kam auch die Bäuerin auf den Hofplatz, sie starrte mich ebenso entsetzt an und meinte: »Ja iatz so was, kommt da d' Hebamm, wenn ma' an Tierarzt brauchen.« Ein Rätselraten begann, was wohl zu diesem Missverständnis geführt habe! »Ich hab dem Wiggerl die Telefonnummer aufg'schrieb'n. Hat der Lausbua de Nummern verwechselt«, rechtfertigte sich der Stadlbauer.

Telefonanschlüsse in Privathäusern waren damals eine Seltenheit. Auf dem Land hatte meist der Dorfwirt die öffentliche Telefonstelle zu betreuen, soweit keine Poststelle vorhanden war. Das Durchwahlsystem war unbekannt, es musste vermittelt werden. Die wichtigsten Nummern schrieb man zu Hause auf ein Blatt Papier und befestigte dies zur allgemeinen Einsicht mit einem Reißnagel am Küchenkasten. Die Reihenfolge bestimmte der Dringlichkeitswert: 1. Doktor, 2. Hebamme, 3. Tierarzt, 4. Feuerwehr. Nach längerem Hin und Her stellte sich heraus, dass der Stadlbauer selbst an dem Missgeschick schuld war, denn der Wiggerl konnte beweisen, dass die Nummer, die ihm der Vater mitgegeben hatte, die meine war. Kleinlaut ließ sich der Bauer vernehmen: »Des is' mir aber arg z'wider, dass i' beim Ablesen von der Nummer um a' Zeil'n z'hoch kemma bin.«

Man kam zur allgemeinen Erkenntnis, dass von nun an zur besseren Übersicht jede Zeile mit einem dicken schwarzen Strich versehen werden müsse, um in Zukunft ein solches Missgeschick auszuschließen. In der allgemeinen Aufregung vergaß man, dass die Liesl, die beste Milchkuh, Geburtswehen hatte und der Tierarzt ihretwegen gerufen werden sollte. Denn das Kalben war für dieses wertvolle Tier immer mit gewissen Schwierigkeiten verbunden. Aber wie so oft im Leben, die Natur hilft sich selbst am allerbesten.

Die Liesl brauchte keinen Geburtshelfer, sie erledigte die Sache dieses Mal allein, ohne jede Hilfe, und sie machte es bestens. Als wir nach ihr sahen, lag das Kälbchen bereits im Stroh und bemühte sich verzweifelt, auf die Beine zu kommen. Eine Anstrengung, die für das weitere Leben des Tieres wichtig ist, erklärte man mir. Als ich mich zum Gehen wandte, hielt mich die Stadlbäuerin zurück und meinte: »Iatz geh eini in d'Stub'n, die Kathi macht dir a' paar Ochsenaug'n, damit du net ganz umsonst komma bist!«

Allgemeine Zufriedenheit breitete sich aus. Der Stadlbauer ersparte sich die Tierarztkosten, der Bäuerin blieb ihre erste »Millikuh« gesund erhalten und mir wurde erneut bestätigt, dass Zeit und Geduld wichtige Dinge sind. In einem aber waren wir uns alle einig, dass wir über dieses Vorkommnis strenges Stillschweigen halten würden, damit wir im kommenden Fasching nicht zum Gelächter der ganzen Gemeinde werden würden.

39

Der Maierhof, inmitten seiner Wiesen und Felder, von denen man einen weiten Blick über das Inntal hat, ist einer der größten und reichsten der Umgebung. Der kleine Andreas, der Andi genannt wurde, wuchs hier wohlbehütet und umsorgt auf. Ein glückliches Kind also, wie man meinen möchte. Doch dazu fehlte dem Andi etwas ganz Entscheidendes. Er war allein, ohne Geschwister, mit denen er lachen, toben und manchmal auch streiten konnte. Ein Leben, das ihm gar nicht so recht gefiel.

So klopfte er eines Tages, als er von der Schule kam, an meine Tür und erhoffte sich von mir die Erfüllung seines Wunsches nach Geschwistern. Mit seinen blonden Locken und den roten Backen war er ein sehr hübsches Kind. Auf meine Frage, was ihn denn zu mir führe, antwortete er treuherzig: »A' Schwesterl oder a' Brüderl möcht i, alle Leut bringst du Kinder, bloß uns net.« Als ich nicht gleich antwortete, sprach er weiter: »Der Großvater hat g'sagt, de kosten so vui Geld, is des wahr? Aber i hab mei Sparbüchs'n dabei, da schau!« Dabei leerte er deren ganzen Inhalt auf den Tisch. 5- und 10-Pfennig-Stücke, ein paar Kupfermünzen und, als Krönung des Ganzen, ein glitzerndes Markstück. Andi war, wie man sehen konnte, sehr stolz auf seinen Besitz, und er fragte: »Reicht des ... wenigstens für a Schwesterl?« Der fragende Blick dieser gläubigen Augen, diese Selbstverständlichkeit, mit der er seine Ersparnisse opfern wollte, damit sein

Wunsch nach Geschwistern erfüllt würde, berührten mich tief, und ich glaube, so etwas gibt es heute nicht mehr. Mich machte es fürs Erste sprachlos, und weil mir nichts Besseres einfiel, antwortete ich: »Naja, wir wollen schauen, was sich machen lässt.« Über diese Begegnung musste ich lange nachdenken und mir wurde wieder bewusst, wie sehr ich in den Kreis dieser Menschen gehörte.

Andi verabschiedete sich mit einem »Pfüa Gott« und »Vergiss' fei net!« Glückliche Kindheit, mit ihren Wünschen und Träumen! Heute gehört sie der Vergangenheit an. Unseren Kindern hat man so viel genommen mit den neuen pädagogischen Erkenntnissen und dem Streben nach Wohlstand. Sie sind um vieles ärmer geworden.

Andis Wunsch konnte ich leider nicht erfüllen, aber er erfüllte sich ihn später selbst in seinen eigenen Kindern, denen ich ebenfalls zum Leben verholfen habe.

40

Vaterschaftsprozesse haben immer etwas Entwürdigendes, Beschämendes an sich. Hier werden die intimsten Dinge offenbar, die vor anderen tabu sein sollten, aber zur Ermittlung der Vaterschaft preisgegeben werden müssen. Auch wird nirgendwo so viel gelogen, werden so viele Falschaussagen gemacht, wie in einem Vaterschaftsprozess.

Das Kind als Streitobjekt ahnt noch nicht die Auseinandersetzung um sein Dasein, in der es um Anerkennung und vor allem um Geld geht. Des Öfteren muss ich vor Gericht über Reifezeichen des betroffenen Kindes aussagen, damit man der Wahrheitsfindung näher kommen kann.

Eine ganz besondere Begebenheit in einem solchen Fall ist mir in Erinnerung geblieben.

Am Ende des Dorfes wohnte in einem alten, baufälligen Haus die lebenslustige Strohwitwe Hanni mit ihren sechs Kindern. Der Ehemann und Vater befand sich, wie mir die größeren Mädchen glaubhaft versicherten, auf einer großen Reise, von der er sehr lange nicht zurückkommen werde. Nun sollte das siebte Kind geboren werden, an dem der Ehemann »unschuldig« war, denn er befand sich wieder einmal, und das seit eineinhalb Jahren, im Gefängnis. Hanni nahm diese Tatsache gelassen hin. Sie nahm das Leben, wie es kam, und ging Schwierigkeiten, so gut sie konnte, aus dem Weg. Mit dieser Lebensweisheit fand Hanni ihr Dasein recht erträglich. Ihre sechs Kinder stammten von fünf verschiedenen Vätern, die alle heimlich Alimente zahlten, bis auf den Hausierer Korbinian, der Hanni für ihre Liebesdienste mit einer Strickjacke entlohnt hatte. Ein schlechtes Geschäft, wie mir Hanni später verärgert erzählte; denn dieses wohlverdiente Kleidungsstück verlor nach der ersten Wäsche nicht nur seine Form, sondern auch seine anfänglich schöne blaue Farbe und war nur noch als Putzlappen zu gebrauchen.

Mit diesem siebten Kind hatte es eine besondere Bewandtnis, wie sich später herausstellen sollte. Dem kleinen Mädchen konnte man noch nicht ansehen, wer sein Vater war. Der Aussage Hannis zufolge war es der Nachbar rechts der Straße. Der aber behauptete, nicht er, sondern der Nachbar nebenan komme als Kindsvater in Frage, dafür gebe es glaubhafte Zeugen, die er gegebenenfalls benennen würde. Zur Klärung der Vaterschaft wurde ein Gerichtstermin anberaumt, zu dem auch ich, wegen besagter Reifezeichen, geladen war. Es kam zu keinem Urteil, denn die Aussagen waren verworren, zum Teil unglaubwürdig, und die geladenen Zeugen wiesen erhebliche Gedächtnislücken auf; sie trugen nicht zur Wahrheitsfindung bei.

Man kam überein, dass Blutanalysen erstellt werden müssten und ein zweiter Termin erforderlich sei.

Beim Verlassen des Gerichtssaales erwartete uns eine nicht alltägliche Überraschung, die nicht der Komik entbehrte. Auf dem Gang des Gerichtsgebäudes standen die Ehefrauen der beiden schuldhaften Männer, kampfbereit, um an der Verführerin ihrer Ehegatten Rache zu nehmen. Dann kam sie, Hanni, die Sünderin! Mit einem leichten Lächeln auf den Lippen trat sie aus der Tür, nicht ahnend, was auf sie zukommen sollte. »Der werd 's Lachen no vergeh'«, hörte ich eine der Rachegöttinnen sagen. Mit ein paar schnellen Griffen nahmen sie Hanni in ihre Mitte und zerrten sie an ihren rotblonden langen Haaren, die sie zu einem kunstvollen Gebilde hochgesteckt hatte, zum Ausgang des Gerichtsgebäudes. Die vorbeigehenden Passanten blieben stehen, lachten und amüsierten sich, und die untreuen Ehemänner zogen es verständlicherweise vor, sich passiv zu verhalten. Mit verbissener Miene sahen sie zu, wie die arme Hanni verprügelt wurde, die mit aufgelöstem Haar und blutender Nase das Weite suchte.

Auch ein zweiter Gerichtstermin brachte kein Ergebnis; denn die Blutwerte ergaben, dass keiner der beiden Männer als Kindsvater in Frage kommen konnte, und den lachenden Dritten wollte oder konnte Hanni nicht nennen. So kam es zu dem standesamtlichen Vermerk, dass der Kindsvater der kleinen Monika unbekannt sei.

Nach einem guten Jahr kam ich wieder zur Hanni, um ihrem achten Kind zum Leben zu verhelfen. Dieses Mal gab es keine Probleme in Bezug auf die Vaterschaft, denn Hannis Ehemann war seit zehn Monaten von der langen Reise zurückgekehrt; und die beiden lebten wieder in friedlicher Eintracht zusammen, wie man sehen konnte. Es blieb ein Rätsel, wie diese Frau es trotz der Vorkommnisse immer wieder schaffte, ihre Ehe in harmonische Bahnen zu lenken. Auf meine Frage, wie sie jedes Mal eine Versöhnung zustande bringe, meinte Hanni mit einem bedeutungsvollen Lächeln: »Ja mei, wer ko, der ko.«

41

Es war eine stille, bescheidene Hochzeit, die von Max und Lene, den zwei jungen Leuten in dem kleinen Ort. Die Nachbarn meinten, die beiden hätten sich gesucht und gefunden, sie passten zusammen wie das Tüpfelchen zum i und ihrer beider Geistesgaben seien gleichmäßig verteilt, weil sie beide gleich dumm seien.

In der Tat, ihre Intelligenz reichte gerade aus, ihren Namen richtig zu schreiben. Galt es aber, ein Formular auszufüllen oder einen Brief an die Behörde zu beantworten, so versagten die geistigen Kräfte sowohl bei Max als auch bei Lene. »Is des a' Kreiz mit dera Schreiberei«, hörte ich Max des Öfteren stöhnen. »Muass des sei', dass ois so kompliziert is'?« Der junge Mann galt als fleißig und rechtschaffen, und sein Arbeitgeber schätzte ihn als zuverlässige Kraft, soweit sein Verstand dies zuließ. Lene, seine Frau, sah man stets in schwangerem Zustand, denn bald nach der Geburt des einen Kindes erwartete sie das nächste. Es kamen ausnahmslos Buben, neun nacheinander, und zwischendurch ein paar Fehlgeburten und das waren wiederum Buben, soweit sich das erkennen ließ.

Dass ich in diese Familie tiefen Einblick nehmen konnte, war nahe liegend. Nach dem neunten Kind wollte ich Lene auf Geburtenregelung hinweisen, ihr die Methode der empfängnisfreien Tage erklären, aber so weit kam ich nicht. Bei dem Wort »Geburtenregelung« fiel sie mir ins Wort und meinte: »Nix da, hör mir mit dem ›Aufpassen‹ auf, alle Kinder hab i' desweg'n kriagt. Wennst nix anders woaßt, dann derfst stad sei.« Im Laufe des Gesprächs stellte sich heraus, dass die Beachtung der empfängnisfreien Tage bei Lene nicht möglich war, denn mit dem Rechenexempel nach der Methode Knaus-Ogino war Lene überfordert. »Da dat i' mir an eigenen Kalender zualeg'n, da wo i' lauter Kreuz'l einimacha müsst, na, na, und Rechnen hob i' in da Schul scho net mög'n!« Es war ein Jammer mit diesen Leuten.

Dann kam die Pille. Ein neues Mittel zur Geburtenkontrolle und bei regelmäßiger Einnahme auch ein zuverlässiges. Die ersten Präparate, die auf den Markt kamen, boten wohl Schutz gegen ungewollte Schwangerschaft, hatten aber erhebliche Nebenwirkungen, wie angeschwollene Beine, rebellierende Venen, Übelkeit, Gewichtszunahme, so dass viele Frauen dieses Medikament ablehnten. Erst im Laufe der Zeit wurde dieses Präparat so weit verbessert, dass es kaum noch Beschwerden gab.

Nun bekam Lene von ihrem Hausarzt die Pille verordnet, bei der man weder rechnen noch sonst sich geistig betätigen muss. Im Fall Lene die ideale Lösung, so dachte man. Der Arzt nahm sich sehr viel Zeit, erklärte ihr genau, dass nur die regelmäßige Einnahme den Erfolg garantiere. Nach einigen Monaten erwartete Lene ihr zehntes Kind. »Hast du die Pille nicht regelmäßig eingenommen?«, fragte ich. »Ganz g'wiss hob i' des, allerweil vorm Bettgeh'n. Aber für mi' gibt's koa Mittel, sog i' dir, bei mir kommen Kinder mit und ohne Pille. Es is' a' Kreuz!« Das war mir unverständlich. Ich fragte noch einmal nach und erfuhr dabei Folgendes: »I' hob die Pille regelmäßig g'nomma, des derfst mir glaub'n, jeden Samstag und

Sonntag, ganz pünktlich. Und unter der Woch is der Max net da, da brauch i' koa Pille net.« Nun war das Rätsel gelöst. Mit so viel Unverstand hatte ich nicht gerechnet.

Bei der Geburt des zehnten Kindes zogen sich die Wehen, ganz ungewohnt bei Lene, lang und unregelmäßig hin, denn zehn Geburten so kurz hintereinander bedeuten einen erheblichen Kraftaufwand und somit eine vorzeitige Ermüdung des Körpers. Aber Lene schaffte es auch dieses Mal, und – wenn man von der Wehenschwäche absah – ohne Komplikationen. Nach neun Buben schrie ein kleines Mädchen aus Leibeskräften, das sich erst beruhigte, als ich es der Mutter in den Arm legte und es hier die mütterliche Nähe und Wärme spürte. Lene konnte es kaum fassen, dass es ein Mädchen war. Der Vater aber meinte: »A' Dirndl, ja gibt's denn des a', wia is so was mögli?« Echte herzliche Freude bei den Eltern über das erste Mädchen.

Es ist wie eine Ironie des Schicksals, dass dieses Kind, das eigentlich nicht hätte kommen sollen, zum Stolz und zur Freude der Eltern und der neun Brüder geworden ist.

Ich habe immer wieder erlebt, dass Nachzügler oder ungewollte Kinder zum Lichtblick und zur Stütze der alten Eltern wurden.

42

Eine Taufe war immer ein besonderes Ereignis in der Familie. Es war die eigentliche Namensgebung eines Kindes.

Der Gang zur Kirche erfolgte in früheren Zeiten zu Fuß oder zu Pferd und später benutzte man – wenn man in der glücklichen Lage war, eines zu besitzen – das Auto zu dem feierlichen Anlass. Dass gelegentlich auch ein Fahrrad zu diesem Zweck eingesetzt wurde, hörte man selten. Doch in der folgenden Geschichte, die mir in Erinnerung geblieben ist, spielte das Fahrrad eine entscheidende, aber urkomische Rolle.

Beim Riedererbauern in Hampersberg war an einem heißen Sommertag wieder einmal Taufe. Es war kein Vergnügen, zu Fuß oder mit welchem Fahrzeug auch immer, dorthin zu kommen. Der Weg war steil, lang und steinig, und das Wurzelwerk der Bäume links und rechts der Straße, das sich quer über den Weg ausbreitete, erschwerte zusätzlich ein Vorwärtskommen. Da ich an diesem Tag unter Zeitdruck stand, um in Hampersberg das Kind für die Taufe anzuziehen, einigten wir uns, einschließlich Zilli, der Patin, vor der Kirche aufeinander zu warten.

»Dass d' fei g'wiss kommst, weil i oiwei net weiß, was i sag'n muss«, meinte die Zilli. Ich wusste um ihre Schwäche, sie hatte immer Schwierigkeiten, auf die Frage des Pfarrers an Kindes statt zu antworten.

Wie ich im Nachhinein erfahren habe, bestand Zilli darauf, nicht zu Fuß, sondern per Fahrrad das Kind hinunter zur Kirche zu bringen, während die Taufgäste den kürzeren Weg benutzten.

Ich war pünktlich zur verabredeten Zeit vor der Kirche, da bog auch schon Zilli mit dem Fahrrad um die Friedhofsmauer.

»Bist allein?«, fragte ich. Statt einer Antwort starrte sie auf den wackeligen Gepäckträger ihres Fahrrades und meinte: »Jessas, iatz hab i 's Kind verlorn. Ja wia gibt's denn so was.«

Ratlosigkeit auf beiden Seiten. Doch da kam mit Tuck-tuck der Milchfahrer mit seinem kleinen Lastwagen an, und hinten zwischen den Milchkannen lag ein weißes Bündel. Er hielt an und meinte: »Den hab i' über'n Berg runter g'fund'n, i hab mir's glei' denkt, dass er euch g'hört.«

Inzwischen waren auch die anderen Taufgäste angekommen. Sie hörten sich die Geschichte an und lachten lautstark. Einer von ihnen meinte: »Hauptsach, es is nix passiert; iatz geh ma in Kircha.« Nur Zilli war ein wenig blass um die Nase, und auf den Fahrer zugehend sagte sie: »I dank dir schee, Michi, dass d'n aufklaubt hast. Mir sand dann beim Wirt, beim Kindlmahl, dann kimmst auf a Maß und«, setzte sie großzügig hinzu, »und zahln tua dann i.« »Geh'n ma«, meinte der Kindsvater, »der Herr Pfarrer mag die Warterei ned.«

Damit war die Sache erledigt, der Vorfall vergessen, es wurde auch später nicht mehr davon gesprochen. Nur ein demoliertes Steckkissen und ein kleines rotes Mal auf der Nase des Kindes erinnerten an diese ungewöhnliche Taufe.

43

Menschen früherer Generationen hatten ein sehr ausgeprägtes Empfinden, was Heimat anging. Diese Treue zum Ererbten bedeutete harte Arbeit, aber auch Wohlstand und Ansehen, was wiederum Einfluss im Dorf brachte. Streit und Missgunst der Geschwister untereinander um das Hoferbe führten nicht selten zu bitteren Auseinandersetzungen und Feindseligkeiten. Kinderlosigkeit empfand man als Schicksalsschlag, weil dadurch die Reihe der Ahnen unterbrochen wurde.

Als beim Huber am Berg die kleine Veronika nach langjähriger Ehe kam, war man außer sich vor Freude; denn nun war die Nachfolge auf dem schönen Besitz gesichert. Das Kind gedieh unter der Fürsorge der Eltern und war deren ganzes Glück. Auf dem Huberhof am Berg gab es keinen weiteren Kindersegen mehr, Veronika blieb die Einzige. Sie wuchs zu einem besonders hübschen Mädchen heran und nicht selten sahen ihr die jungen Männer mit vielsagendem Blick nach. Als sie später einen tüchtigen jungen Bauern heiratete und mit ihm den elterlichen Hof übernahm, wurde Veronika mit dieser »Liebesheirat«, wie sie mir später erzählte, sehr glücklich. Schon bald erwartete sie ihr erstes Kind und die Freude darüber war groß – nicht nur bei den Eltern, sondern auch bei den Großeltern. Doch das Glück ist ein unbeständiger Gast im menschlichen Leben. Niemand weiß, wann es kommt, niemand weiß, wann es geht.

Glückstrahlend saß Veronika vor mir und berichtete von dem kommenden Ereignis. Das kleine Pflaster, das an ihrer rechten Wade klebte, fiel mir auf. Auf meine Frage, was es damit für eine Bewandtnis habe, erzählte sie mir, dass die nässende Warze am Bein sie gestört und der Arzt sie vor ein paar Tagen entfernt habe. Niemand ahnte damals, dass dieses kleine warzenähnliche Gebilde Veronika und ihrer Familie zum Schicksal werden würde. Die Ereignisse überschlugen sich, als der Befund »bösartig« kam, denn das schnell wuchernde Melanom würde das Leben der Mutter und unter Umständen auch das des Kindes fordern.

Veronika wurde nun vor eine Entscheidung gestellt, die ihr niemand abnehmen konnte. Entweder Strahlentherapie, die das Kind mit größter Wahrscheinlichkeit durch Fehlgeburt töten würde, aber die Mutter aller Voraussicht nach noch ein bis zwei Jahre leben ließ. Keine Therapie hieße, das Kind könnte normal ausgetragen werden, die Mutter aber hätte nach dessen Geburt nur noch Wochen zu leben.

Am Tag der schicksalhaften Entscheidung besuchte mich Veronika, um mir ihren Entschluss mitzuteilen, der mich zutiefst erschütterte. Das Kind sollte leben, weil dieses Leben am Anfang stehe, so meinte sie, während das ihre bestenfalls und aller Voraussicht nach in zwei Jahren beendet sein würde. »Was sind schon zwei Jahre«, sagte sie, »und der Hof am Berg wird weiterleben und das ist für mich ganz wichtig.« Ich musste ihr versprechen, dass ich ihr Kind auch nach ihrem Tod noch im Auge behalten würde.

Die folgenden Monate zeigten schon deutlich die Spuren der Erkrankung: Knoten in der Leistengegend, die bei jedem Schritt schmerzten, allgemeine Müdigkeit, Zerschlagenheit. Veronika nahm alles ohne Klagen hin, sie konzentrierte sich ganz auf ihr Kind, das in wenigen Monaten kommen sollte.

Ein halbes Jahr war seit dieser furchtbaren Nachricht vergangen, wie endlos hatte es gewährt.

Es war ein frischer Frühlingsmorgen, als ich auf den Huberhof am Berg gerufen wurde. Es war so weit. Nicht nur die Geburtswehen waren es, die der werdenden Mutter den Schweiß auf die Stirne trieben, auch die Schmerzen der fortgeschrittenen Krankheit kamen quälend dazu. Die vergrößerte Leber trat wie eine dicke Geschwulst hervor und schmerzte bei jeder Berührung. Eine Hausgeburt, so wie sie sich Veronika gewünscht hatte, konnte ich nicht verantworten; ich nahm sie mit in das Krankenhaus, um hier mit schmerzlindernden Medikamenten und technischen Mitteln den Geburtsvorgang zu verkürzen. Es musste alles getan werden, um vor allem die Mutter zu entlasten.

Das kleine Mädchen, das geboren wurde, schien gesund zu sein, es wurde aber zur Beobachtung und um alle notwendigen Untersuchungen durchzuführen, in fachärztliche Hände gegeben.

Der plötzliche schmerzlose Zustand nach der Geburt lässt jede Mutter befreit aufatmen. Ein gewisses Glücksgefühl breitet sich aus, wenn alles gut überstanden ist. Veronika aber nahm nach der Geburt ihres Kindes die Umwelt kaum wahr. Sie wollte mit niemandem sprechen, auch die Tatsache, dass sie einem gesunden Kind das Leben schenkte, dem sie Jahre ihres Lebens geopfert hatte, berührte sie kaum. Das leise Stöhnen besagte, dass die Schmerzen der Krankheit sie quälten, mehr als wir Außenstehende ahnen konnten. Nach einigen Tagen nahm Veronika wieder etwas mehr am Leben teil und hatte den dringenden

Wunsch, ihr Kind zu sehen. Diesen Wunsch erfüllte ich ihr gerne. Ganz behutsam nahm sie ihr Kind in den Arm, streichelte die vollen Bäckchen, drehte an den kleinen Händen, als staune sie, wie wohlgeformt sie waren. Was mag wohl in ihrem Kopf vorgegangen sein, niemand weiß es, denn Veronika schwieg.

Dann kam der Tag, der sie nicht mehr im Krankenhaus hielt, sie wollte heim, nichts als heim auf ihren Hof am Berg. Sie fühlte wohl ihr Ende nahen.

Die eingesunkenen Augen wirkten dunkler als sonst, das Gesicht trug die Spuren der Krankheit, doch lag eine sichere Ruhe darüber. So sah ich sie, als ich sie zum letzten Mal besuchte.

Die Angehörigen waren ratlos. Wie verschreckte Tiere schlichen sie um das Bett, gingen ein und aus, setzten sich, um gleich wieder aufzustehen. Die Mutter hielt meist den Rosenkranz in Händen, bittend, betend. Stunden der Verzweiflung an diesem Krankenbett. Tief gebeugt und stumm ertrugen sie ihren Schmerz.

Dass bei alten Leuten der Tod einkehrt, entspricht dem Lauf der Dinge, doch dieses junge Leben ... Noch in dieser Nacht starb Veronika. Der Schatten des Todes legte sich über den Hof, und alle gingen leise und schweigend umher. Unter der Obhut des Vaters und der Großeltern wuchs die kleine Adelheit heran, die ihrer verstorbenen Mutter immer ähnlicher wurde.

Das so tief ausgeprägte Heimatgefühl ihrer Mutter hatte Adelheit nicht geerbt. Wer kennt schon die verschlungenen Wege Gottes! Adelheit ging nicht den von ihrer Mutter vorgezeichneten Weg. Sie verließ mit ihrem Vater nach dem Tod der Großeltern den Huberhof am Berg und zog in eine neue Heimat.

44

Nach mehrjähriger Ehe und einer vorausgegangenen Fehlgeburt erwartete Frau Wimberger ihr erstes Kind. Diese wohlhabenden Geschäftsleute hatten alles sorgfältig zur Hausgeburt ihres Kindes vorbereitet. Sogar ein kleiner Kreißsaal, in dem alles Nötige vorhanden war, stand in diesem Haus zur Verfügung. Eine gepflegte Umgebung rundherum. Die Freude auf dieses Kind wurde in jedem Detail sichtbar. Angefangen vom bestickten Batisthemdchen bis hin zum seidenen Taufkleid, das in seiner Schönheit einmalig war. Ich hatte ein ungutes Gefühl, denn eine so große, so ungewöhnliche Freude tut selten gut.

An einem stürmischen Apriltag begannen die Wehen, langsam, zögernd, sie steigerten sich im Laufe der Nacht, und gegen Morgen begann die Endphase der Geburt. Ich erklärte der werdenden Mutter, wie sie die Presswehen richtig zu verwerten habe und wie die Atmung sinnvoll einzusetzen sei. Aber meine Anweisungen blieben ohne Erfolg, denn Frau Wimberger steuerte ihre Kraft nicht auf den Geburtsweg, sondern in den Kopf, ins Gesicht, in die Augen, immer und immer wieder. Mein Reden, meine Erklärungen schienen sie nicht zu erreichen. Es war zum Verzweifeln! Blutunterlaufene Augen und Pigmentierungen der Gesichtshaut infolge der nutzlosen Anstrengung waren der fragliche Erfolg. Die Wehen erfüllten nicht ihren Zweck. Dazu schmerzten die Krampfadern an beiden Beinen, zusätzliche Belastung in diesen Stunden. Nach langen intensiven Bemühungen und vielen nutzlosen Wehen kam es doch noch, das ersehnte Kind: ein Mädchen. Mir stand der Atem still, als ich die Missbildung dieses kleinen Körpers sah. Spina bifida. Das ist etwas Furchtbares. Eine Öffnung im Rücken, in der das Rückenmark, nur mit einer hauchdünnen Membran umgeben, freiliegt. Solche Kinder sind vom Nabel abwärts gelähmt, sie haben keinerlei Gefühl, alle Funktionen in diesem Bereich sind stillgelegt. Für diese bedauernswerten Kinder gibt es nur geringe Lebenschancen. Unser kleines Mädchen hatte sie nicht. Es starb nach dem ersten operativen Eingriff, trotz aller ärztlichen Bemühungen. Tiefe Trauer und Mutlosigkeit im Hause Wimberger.

Nach einigen Jahren wurde ich wieder, zur Geburt des zweiten Kindes, in diese Familie geholt. Alle hofften wir inständig, dass sich das vergangene Drama nicht noch einmal wiederholen möge. Aber auch dieses Mädchen war missgebildet. Ein Nabelschnurbruch in ausgeprägter Form! Durch eine große Bauchspalte fielen die Eingeweide, wie Leber, Dünn- und Dickdarm, in die Nabelschnur vor. Eine operative Regelung war bei dieser ungewöhnlich großen Form von Missbildung nicht möglich. Auch dieses Mädchen starb. Es war schrecklich. Die Eltern litten nicht nur unter dem Tod ihrer Kinder, auch die Frage der Missbildungen belastete sie immer mehr. Psychisch angeschlagen, völlig verzweifelt, litt besonders die Mutter unter diesen dramatischen Ereignissen. Beide Elternteile kamen überein, unter solchen Umständen auf Kindersegen zu verzichten. Das Haus Wimberger sollte nun kinderlos bleiben. Jahre vergingen, man wurde älter, und der Tod der beiden Mädchen rückte immer mehr in die Ferne. Frau Wimberger nahm wieder am Leben und dem geschäftlichen Ablauf teil.

An einem Nachmittag im Frühsommer bat sie mich zu sich, zu Kaffee und einem kleinen Plausch, wie sie sagte. Das, was sie mir zu berichten hatte, musste sie wohl sehr beschäftigt haben, denn sie kam ohne viel Umschweife darauf zu sprechen. »Ich weiß nicht recht«, sagte sie, »es ist wohl das beginnende Klimakterium, das mir so zu schaffen macht. Die Übelkeit, besonders morgens, auch sonst fühle ich mich anders. Was soll ich davon halten?« – »An das vorgezogene Klimakterium kann ich nicht so recht glauben«, meinte ich, »aber an eine Schwangerschaft. Es wäre wunderbar, wenn doch noch ein gesundes Kind in dieses Haus käme. Ich würde mich herzlich freuen.« Frau Wimberger glaubte zwar nicht recht an eine erneute Mutterschaft, sie schloss sie aber auch nicht aus. Vor allem der Gedanke an eine Missbildung dieses Kindes war es, der sie beunruhigte. »Hoffen wir auf einen Buben, der in Ihrem Fall sehr wahrscheinlich mehr Lebenserwartung haben wird als ein Mädchen«, beruhigte ich sie. Ich erlebte es immer wieder bei manchen Müttern und ihren Kindern, dass das eine Geschlecht lebensunfähig, das andere jedoch gesund geboren wurde.

Das Jahr neigte sich mit Schnee und grimmiger Kälte dem Ende zu. In der Silvesternacht, der letzten Nacht des Jahres, stand ich wieder am Kreißbett von Frau Wimberger, die betend auf ein gesundes Kind hoffte und die doch nicht so recht daran glauben konnte. Weinend und schweißtriefend aus Angst vor dem Ungewissen, nahm sie die immer häufiger kommenden Wehen geduldig hin, immer bemüht, meine Anweisungen zu beachten. Dann, zehn vor zwölf, war es so weit. Ein gesunder Bub meldete sich, in den letzten Minuten dieses Jahres, mit lautem Schrei zum Leben. Ein solch unglaubliches Glück war für die Mutter, die so viel erlebt und gelitten hatte, kaum zu fassen. Dieses Mal waren es Tränen der Freude, die sie weinte. Auch der Vater wischte sich immer wieder über die Augen, man sah ihm die freudige Erregung an. Aber die Geburt war noch nicht beendet, ein zweites Kind meldete sich noch. Dieser Bub schaffte es nicht mehr, im selben Jahr wie sein Bruder zur Welt zu kommen. Es war sieben Minuten nach zwölf, als er seinen ersten Schrei tat. Obwohl etwas geringer an Gewicht, war auch er gesund. Die Zwillinge, die so viel Freude und Glück in das Haus Wimberger brachten, sind heute zwei hoffnungsvolle junge Männer, die sich wie ein Ei dem anderen gleichen. Ich habe heute noch große Mühe, sie auseinander zu halten. Wer ist Markus, wer ist Robert? Auf diese Frage geben sie sich mir immer lachend zu erkennen. Das kleine Muttermal zwischen den Schulterblättern weist Markus als den Erstgeborenen aus. Doch diese Möglichkeit der Erkennung habe ich heute nicht mehr.

45

In einer Talmulde zwischen Weiden und Holunderbüschen stand das windschiefe Häusl der Gröbnerleute. Hier wohnten in bescheidenen Verhältnissen Korbinian und Walburga Hintermoser mit ihren acht Kindern, den zwei Ziegen und einigem Kleinvieh.

Der Weg dorthin führte an einem Marterl vorbei, dessen Inschrift, verwaschen von Regen und Witterung, besagte, dass hier der Gröbnervater Korbinian Hintermoser vom Schlag getroffen starb.

Wieder einmal war ich auf dem Weg zur Hintermoserin, um ihr bei der Geburt des neunten Kindes beizustehen. Statt einer Begrüßung sagte die werdende Mutter zu mir: »I' woaß net, heut is' alles anders als sonst, und Angst hab i' so vui Angst.« Als ich meinte, dass es nun schon achtmal gut gegangen sei und diese Angst sicher unbegründet sei, da meldete sich der Hintermoser, der eben die Stube betreten hatte: »I' hab dir's ja glei' g'sagt, a Versprechen geb'n, des ma' net halten kann, des kann net guat geh'n.«

Ja, ein Versprechen, ein gegebenes Wort hatte Mutter Walburga einzulösen, und um nicht vom Unglück verfolgt zu werden, musste sie das tun, das war ein ungeschriebenes Gesetz. »Wenn des Kind a' Dirndl is', dann muass i' des der Greindlbäuerin geb'n, weil ich's ihr versprochen hab, und iatz reut's mi, i' glaub', i' kann's net«, weinte die Hintermoserin.

Die Greindlbäuerin, eine entfernte Verwandte, deren Kinderlosigkeit weder Ärzte noch Heilpraktiker beheben konnten und der auch Pendler und Wahrsager keinen Erfolg brachten, kam auf die Idee, dass ihr die Walburga aus dieser Notlage helfen könne. »Hast eh scho' acht, eins mehr oder weniger und mir wär g'holfen«, meinte sie zur Hintermoserin. »Du derfst net vergessen«, sprach sie weiter, »dass des Kind amal den Greindlhof und ois, was dazua g'hört, erbt, und der Besitz kann se' seh'n lassen, des woaßt ja selber. Iatz versprich mir halt des Kind, da is' dir und mir g'holfen.« Der schöne Hof, das sah die Walburga ein, auch sie und ihre Familie könnten davon profitieren, aber ein Kind hergeben, einfach so, da kamen ihr doch einige Bedenken. Schließlich kam man überein, dass es – falls es ein Mädchen werde – die Greindlbäuerin bekommen sollte, denn ein Mädchen, so meinte diese, sei zum Aufziehen weniger kompliziert als ein Bub und zur Pflege für ihre alten Tage besser geeignet als eine Schwiegertochter.

Außerdem sei der Schmerz um ein Mädchen für Walburga sicher nicht so groß, weil die fünf Dirndl im Vergleich zu den drei Buben jetzt schon in der Überzahl seien. So gesehen wäre für alle Beteiligten eine brauchbare Lösung gefunden.

Nun sollte dieses Kind, von dem die Mutter so sehr hoffte, dass es ein Bub sei, geboren werden. Die Geburt zog sich in die Länge, es war, als wollte diese Mutter ihr Kind möglichst lange bei sich behalten. Nicht die Wehen waren es, die ihr die Schweißtropfen auf die Stirn trieben, sondern der Gedanke, dass dieses Kind, falls es ein Mädchen war, nicht ihr, sondern der Greindlbäuerin gehören sollte. Ich tröstete die werdende Mutter, dass nichts entschieden sei, es könne auch ein Bub sein, den sie ja behalten könne, wenn sie glaube, dass sie dieses Versprechen unbedingt einlösen müsse.

Aber es war kein Bub. Nach mehrstündiger Wehentätigkeit schrie ein gesundes Mädchen laut und kräftig, als wollte es jetzt schon gegen die Abmachung protestieren. Ich legte es der Mutter in den Arm und meinte, dass sie das gegebene Wort noch einmal überdenken solle. Die Greindlbäuerin ließe sicher mit sich reden, wenn sie sehen würde, wie schwer es ist, ein Kind ohne zwingenden Grund herzugeben.

Es war mir rätselhaft, wie schnell diese von der Geburt »ihres« Kindes erfahren hatte. Schon tags darauf, als ich bei der üblichen Wochenpflege war, erschien sie mit Wäsche, Kissen und Decken, um »ihr« Kind in Empfang zu nehmen. Sie tat dies mit einer Selbstverständlichkeit, als sei es tatsächlich ihr eigenes Kind, auf das sonst niemand Anspruch habe. Ich erklärte ihr, dass dies unmöglich sei, denn das Kind brauche in den ersten Wochen unbedingt die Mutter, und ob sie nicht doch von dem gegebenen Wort zurücktreten möchte, es ergebe sich vielleicht später eine andere Möglichkeit. Die Greindlbäuerin, sonst warmherzig und zugänglich, war zu keinem Kompromiss bereit. Sie hatte sich in den Gedanken verrannt, ein Kind, dieses Kind, zu haben, koste es, was es wolle.

»Walburga, das kannst du mir net antun, des Dirndl g'hört jetzt mir, du hast mir's versprochen, und i' steh' net z'rück, du musst mir's geb'n«, weinte sie hysterisch. Ich machte der Diskussion ein Ende, indem ich entschied, dass das Kind vorerst bei seiner Mutter bleiben müsse, später wolle man dann weitersehen. Eine enttäuschte, weinende Greindlbäuerin verließ die Stube, nicht ohne noch einmal zu versichern, dass dies nun »ihr« Kind sei, und daran würde niemand etwas ändern.

Tränen auf beiden Seiten. Ein wahres Drama bahnte sich an. Mutter Walburga war nicht mehr bereit, ihr Kind herzugeben, die Greindlbäuerin aber bestand auf dem gegebenen Wort, und Vater Hintermoser, um seine Meinung befragt, antwortete: »I misch mi' da net drein, des müssts ihr zwoa alloa aushandeln. I' sag's allerweil, wenn d'Weiberleut' was in d'Händ nehma, des läuft meistens verkehrt.«

Wochen vergingen. Mein Dienstweg führte mich des Öfteren bei den Gröbnerleuten vorbei, und weil ich mich nach dem Gedeihen des Kindes und dessen Schicksal erkundigen wollte, betrat ich die Stube. Mutter Hintermoser berichtete mir, dass sie sich entschieden habe, die Kleine der Greindlbäuerin zu geben, weil auch deren Mann, der Bauer, als Bittsteller kam, mit den Worten: »In Gotts Nam', Walburga, gib uns doch des Kind, mei' Bäuerin, de woant scho' bald Tag und Nacht, sie is' scho' ganz sinnierat, und wenn's so weitergeht, dann drahts' no durch.« In Anbetracht dieser Erkenntnisse willigte Mutter Walburga in die Adoption ein. Die Greindlbäuerin hatte nun, was sie so sehr ersehnte, ein Kind, das sie sich ohne Rücksicht auf die Tränen der leiblichen Mutter erzwungen hatte. Die kleine Marianne wurde das rechtmäßige Kind der Greindlbauersleute Mathias und Amalie Schex und spätere Erbin des ansehnlichen Besitzes. Diese Adoption bewegte mich besonders, weil sie unter Druck und ohne zwingenden Grund getätigt wurde. Sie brachte weder der Greindlbäuerin noch der kleinen Marianne Glück.

Jahre vergingen. Die Kleine wurde maßlos verwöhnt, jeder Wunsch wurde ihr erfüllt, ein »Nein« kannte dieses Kind nicht. So wuchs es, weil es keine feste Hand zu spüren bekam, zu einem recht eigenwilligen Mädchen heran, das in der Schule immer wieder Schwierigkeiten hatte, weil es sich nicht unterordnen konnte und wollte. Nach Jahren erfuhr Marianne durch fremde Leute von ihrer Adoption und von ihren leiblichen Eltern. Es war ein schwerer Schlag für dieses verwöhnte Mädchen, das nie mit unangenehmen Dingen konfrontiert worden war und das sich nun mit dieser schockierenden Neuigkeit auseinander setzen musste. Es kam, wie es kommen musste: Marianne suchte und fand ihre Eltern, zu denen sie sich auf Anhieb hingezogen fühlte, und Groben wurde wieder ihre eigentliche Heimat. Später heiratete sie und kehrte dem Greindlhof und ihren Adoptiveltern endgültig den Rücken. Seit dem Tod ihres Mannes und den unliebsamen Ereignissen kränkelte die Greindlbäuerin. Sie suchte nun Trost in ihrem Glauben und ist zu der Erkenntnis gekommen, dass sich das Glück nicht erzwingen lässt.

Durch diese Begebenheit wurde ich wieder an die Schule erinnert, an die Referate von Dr. Neuhaus, der zu sagen pflegte: »Die weibliche Psyche ist ein Phänomen. Zum einen kann der Kinderwunsch zu einer fixen Idee werden; die Frau unterzieht sich jeder ärztlichen Tortur und setzt sich über amtliche und menschliche Schwierigkeiten hinweg. Der Gedanke, ein Kind haben zu wollen, kann sich bis zur psychischen Erschöpfung steigern. Zum anderen kann ein ungewolltes Kind zum Extremfall werden. Hier scheut man weder Geld noch Reisen um den halben

Erdball noch körperlich-gesundheitliche Risiken. Moralische Werte sind nicht mehr existent und in den Händen von Kurpfuschern wird jeder ethische Anspruch verdrängt, wenn es gilt, ein Kind loszuwerden.«

46

In meiner Kindheit war häufig die Rede von Dämonen und Geistern in den Raunächten des Advents. Von diesen Geschichten waren wir Kinder immer beeindruckt, weil sie von Dingen erzählten, die einen Hauch von Mystik hatten und zwischen Himmel und Erde lagen. Im Laufe der neueren Zeit verloren sich Sagen und Legenden, sie gerieten in Vergessenheit. In bäuerlichen Kreisen aber war dieses von den Vorfahren ererbte Gedankengut noch lange lebendig und mit Brauchtum und Tradition fest verknüpft. Dieses Volksempfinden in Frage zu stellen, war nicht immer ratsam, denn man hielt am Überlieferten fest. Nur wenigen Müttern konnte ich klar machen, dass es sich bei diesen Geschichten um mehr zeitgemäßen Aberglauben handelte.

Die Harrerbäuerin war eine von ihnen, die überzeugt wurde, dass Raunächte mit Hexen und Druden der Vergangenheit angehören. In einer dieser Nächte hat sich folgende Geschichte ereignet. Es war eine kalte, klare Christnacht, als ich zur Harrerbäuerin nach Winklham gerufen wurde. Schneewände türmten sich zu beiden Seiten der Straße, so dass ein Ausweichen im Gegenverkehr erhebliche Probleme gebracht hätte. Doch in dieser Nacht war die Straße menschenleer und Mond und Sterne beleuchteten den Weg. Beim Einbiegen in den Seitenweg sah ich, dass hier die Fahrt zu Ende war, denn jetzt führte nur noch eine schmale Fußspur zudem Gehöft. Nach einem halbstündigen

Marsch stand ich vor den Gebäuden des Harrerhofes, der still und dunkel im tiefen Schnee lag. Als sich nach mehrmaligem Klopfen niemand meldete, fand ich eine Seitentür, durch die ich in den Hof gelangen konnte. Dunkelheit und gespenstische Stille umfingen mich. Endlich, vom Zuhäusl her, ertönte die Stimme der alten Austragsbäuerin: »Wennst d'Hebamm bist und d' Bäuerin suchst, die is' im Stall beim Melken.« »Jetzt, um Mitternacht?«, gab ich zur Antwort. »Ja mei«, sagte sie, »bei uns is ois anders, des werst scho no' spanna.«

Mit zwei vollen Melkeimern kam eine Frau unbestimmten Alters aus einer Tür heraus auf mich zu und meinte: »Iatz bist du eher da als wia mei' Mann. Der is zum Telefonier'n ins Dorf nei, er muass aber bald kemma.« In der Stube setzten wir das Gespräch fort. Dabei lehnte die Harrerbäuerin am Kachelofen, hob bald das eine Bein, dann das andere, ein sicheres Zeichen dafür, dass sie Wehen hatte.

Inzwischen kam auch der Bauer vom Dorf zurück und brachte die Nachricht mit, dass heute Heiligabend sei und die Leute sich auf den Weg zur Christmette machten. Man hatte vor lauter Arbeit diesen Tag vergessen. Die Harrerbäuerin beeindruckte diese Nachricht nicht besonders, nur glaubte sie sagen zu müssen, dass man versäumt habe, die Uhren aufzuziehen, und somit stünde bei ihnen die Zeit still. Aus dem weiteren Gespräch erfuhr ich, dass die beiden in diesem Jahr nach Mariä Lichtmess geheiratet hatten und das nun erwartete Kind folglich das erste sei. Was den Geburtstermin betreffe, müsse man davon ausgehen, dass er, der Ehemann, erst vier Wochen nach der Hochzeit in die gemeinsame Schlafkammer eingezogen sei. Auf meine Frage, ob dieses ungewöhnliche Verhalten Gründe gehabt hätte, meinte der Mann: »Ja mei, bei de Weiberleit woaß ma' nia, ob ma eahna trau'n kann, und i' hab mir g'sagt, sicher is' sicher, net dass danach a' Kuckucksei im Nest liegt.«

Das Misstrauen ihres Mannes war für die Harrerbäuerin ohne Bedeutung, denn ihr Gewissen war rein. Ja, hier war alles anders, damit hatte die alte Bäuerin recht.

Die Wärme des Kachelofens erwies sich als wehenförderndes Mittel, denn die Kontraktionen kamen häufiger, und wie ich sehen konnte, wurden sie intensiver. Dabei ging die werdende Mutter in der Stube auf und ab, um sich nach dem Abklingen der Wehe wieder an den Kachelofen anzulehnen. Bei ihrem Gang durch die Stube hielt die Harrerbäuerin plötzlich an und schien über etwas sehr Wichtiges nachzudenken, als sie sagte: »Ja, wenn heut der 24. Dezember is' und Heiligabend, dann is' ja a' Raunacht! Muass des mir passier'n, dass i' in einer Raunacht mei' Kind kriag, wo Drud'n und d'Hex'n und alle bösen Geister los san und wo ma se' mit kreuzte Arm und Füaß' ins Bett leg'n muss.« Zu ihrem Mann gewandt, sagte sie recht ungnädig: »Des hab i' deiner Muatter zum verdanken, die hat mi' verwünscht, sie hat mi' no' nia leid'n könna, weil i' in den Hof eing'heirat hab. Aus lauter Boshaftigkeit hat s' mi' verwünscht.«

Völlig erschöpft von dieser Erkenntnis und der langen Rede lehnte sie am Kachelofen, bereit, das Schicksal, das über ihr schwebte, über sich ergehen zu lassen, weil ja doch nichts mehr zu ändern sei. Der Harrerbauer schwieg bei dieser Anklage und sah mich hilflos an. »Ja«, meinte ich, »es wäre vielleicht doch besser gewesen, du wärst mit ihr gemeinsam in die Schlafkammer eingezogen, so hätte sich der Geburtstermin vermutlich vorverlegt. Aber Druden und Hexen und Verwünschen, so etwas gibt es nicht.« »Ja«, meldete sich die Harrerbäuerin, »des gibt's, des lass i' mir net nehma. Du wirst des scho' no' sehgn.«

Inzwischen wurde das Kanapee zum Bett umfunktioniert, weil die Schlafstube oben nicht heizbar war. Massive Wehen kündeten an, dass die Geburt bald den Höhepunkt erreicht hatte. Die Harrerbäuerin dachte jetzt weder an Druden noch an böse Geister, denn ihre Gedanken kreisten um den Geburtsschmerz, der sie gefangen hielt. Zwischendurch kam immer wieder die gleiche Frage, die alle werdenden Mütter stellen: »Wie lange noch?« An diese Frage war ich längst gewöhnt, ich hörte sie bei jeder Geburt, ein Berufsleben lang. Die Harrerbäuerin war da keine Ausnahme. Aber dann kam der Augenblick in dieser Christnacht, in dem sich ein gesundes Kind, der Stammhalter, mit lautem Schrei zu Wort meldete und allen Raunachtsspuk Lügen strafte.

Die junge Mutter wurde ganz still, als sie ihr Kind im Arm hielt. Sie betrachtete es lange und sehr genau, um sich zu vergewissern, dass ihm nichts fehlte. »Ja«, meinte sie, »der Bua is' ja wirkli' ganz g'sund! I' hab halt Angst g'habt, dass ma' dös net glaub'n derf.« Ich erklärte ihr, dass die Geburt eines Kindes eines der größten Wunder sei, bei dem böse Geister keinen Platz hätten. In einer Christnacht geboren zu werden, sei etwas ganz Besonderes. Der junge Vater wischte sich verstohlen über die Augen und meinte: »I hab's ja glei' g'sagt, dass' des net gibt, und d'Muatter hat di' net verwünscht, des is' amal g'wiss.« Ich pflichtete dem Harrerbauern bei und sagte: »Heute ist Weihnachten, sollte man da nicht alle Unstimmigkeiten vergessen und die Mutter aus ihrer Austragsstube herüberholen, damit sie ihr erstes Enkelkind sehen kann. Der Kleine wird die Großmutter sehr nötig haben, wenn euch die Arbeit keine Zeit für ihn lässt.«

Der Harrerbauer hatte es plötzlich sehr eilig. Er stapfte über den Hof, hinüber zum Zuhäusl, der Austragswohnung der alten Mutter. Dann kam sie, gefolgt von ihrem Sohn, dem jetzigen Bauern. Leicht gebückt, ein glückliches Lächeln um den Mund, in den Händen einen geschmückten Tannenzweig, betrat sie die Stube. Dieser Auftritt hatte etwas Feierliches, Einmaliges, ohne jedes Pathos. Sie schaute sich kurz um in dieser Stube, die einmal ihr Lebensbereich gewesen war. Stumm betrachtete sie das schlafende Kind in der Wiege, in der auch ihre Kinder einmal gelegen hatten. Ganz langsam trat sie an das Bett der Schwiegertochter, reichte ihr die Hand und sagte: »I' wünsch dir Glück, Resi, dir und dem Kloana.« »Dank dir schön, Mutter«, war ihre Antwort. Tränen der Freude auf beiden Seiten, nur der Kleine schlief ruhig und zufrieden, Probleme gab es für ihn noch keine.

Es schneite unaufhörlich, als ich den Heimweg antrat. Das Schneegestöber ließ mich nur langsam vorankommen, und die Dunkelheit erschwerte die Orientierung, denn Mond und Sterne waren hinter dichten Schneewolken verschwunden.

Doch ich fühlte Weihnachtsfrieden um mich herum und nicht zuletzt auch in mir, in dieser Christnacht.

47

Aberglaube war wie gesagt besonders im ländlichen Gebiet weit verbreitet. Das seit Generationen überlieferte Gedankengut war fester Bestandteil im Leben dieser Menschen. Es ist unklar, wo die Grenzen zwischen Aberglauben, Wirklichkeit und Phantasie lagen. Das zu diskutieren war bei der Einstellung dieser Menschen nicht möglich, dagegen anzugehen war meist eine aussichtslose Sache. Ich habe gelernt, die Dinge so zu nehmen, wie sie waren, denn häufig ergab es sich von selbst, dass die Leute eines Besseren belehrt wurden. Die folgende Geschichte beweist dies.

Es war ein regennasser Maitag. Die abseits gelegenen Straßen zu den einzelnen Gehöften waren vom langen Regen aufgeweicht, morastig und erschwerten das Vorwärtskommen.

Beim Bauern in Moos erwartete man das erste Kind, und ich war auf dem Weg dorthin. Der Einödhof war schwer zugänglich und machte seinem Namen alle Ehre. Die Straße war zur Seite hin abschüssig und kaum befahrbar, doch ich musste hin, und irgendwie würde ich es schaffen. Nach einer missglückten Kehrtwendung saß ich mit dem einen Hinterrad im Morast fest. Das fehlte mir noch! »Wie soll das nun weitergehen«, überlegte ich. Doch die Menschen hier lassen in Not niemanden allein. Sie kennen einander, sie helfen einander. Diese Welt ist überschaubar. Vom Seitenfenster aus sah ich, dass der Kaindlbauer auf mich zukam. Er zog seinen Hut in die Stirn, überlegte kurz und sagte in sehr wichtigem Ton: »Dua an Rückwärtsgang eini und fahr' an Meter z'ruck ... Z'ruck sog i«, und ich fuhr nochmals zurück, bis ich mit beiden Hinterrädern festsaß. Da ging bei mir der Gaul durch. »Du mit deim depperten ›Z'ruck‹«, schimpfte ich, »nix Bessers is dir nit eing'fall'n.« Ich war den Tränen nahe. »Geh' denk dir nix«, meinte der Kaindlbauer gutmütig, »des ham' mir glei', der Fuchs ziagt di scho' raus.« Grinsend ging er, holte den alten Gaul und der zog mich heraus.

Inzwischen wartete man in Moos schon sehnsüchtig auf mich. »Bist vielleicht stecken blieb'n«, fragte der werdende Vater, der unter der Haustüre nach mir Ausschau hielt. Diese Frage war überflüssig, denn mein Auto wies deutliche Schlammspuren auf.

Die Mooserbäuerin ging in der Stube auf und ab und beteuerte immer wieder: »Mei, bin i' froh, dass d' da bist, woaßt, ma' hat Angst, so vui Angst, wenn neamd Rechter da is', der oan hilft.« Nach einem tiefen Seufzer fuhr sie fort: »Recht lang, moan i, werd's eh nimmer dauern, bis er da is', der Bua.« Für beide Eltern stand von vornherein fest, dass dieses Kind ein Bub und der Hoferbe sei, denn beim Pendeln hätte man das zweimal, unabhängig voneinander, festgestellt. Außerdem sei auch Nanni, das Häuslwei, ganz der Meinung, dass der Gesichtsausdruck der Mooserbäuerin auf einen Buben hindeute. Das waren stichhaltige Anzeichen, an denen es nichts zu rütteln gab. Vorsichtig meinte ich, dass man sich auf das Geschlecht des Kindes nicht unbedingt festlegen sollte, denn man wisse nie ... »Ja, da gibt's koan Zweifi net«, ereiferte sich die werdende Mutter, »des werd' a Bua, des lass i mir net nehma, und Peter hoaßt er, a' so wia mei' Mo', der Bauer.« Die Rede war nur noch von »ihm«, dem Peter, dem Buben, den man erwartete, auf den man sich freute. Die Sicherheit und der Glaube, mit denen diese Leute der Geburt des männlichen Nachkommen entgegensahen, war so beeindruckend, dass auch ich schon von »ihm« zu sprechen begann. Dann war es soweit. Aber Peter, der Hoferbe, war ein gesundes Mädchen, dem die Enttäuschung und die Verständnislosigkeit seiner Eltern gleichgültig war. Fassungslos stellten sie immer wieder die Frage, ob es möglich sei, dass ich mich getäuscht hätte, weil doch alle Symptome eindeutig auf einen Buben hingewiesen hätten. Erst als sie sich selbst überzeugt hatten, dass der erwartete Hoferbe ein Mädchen war, meinte der Vater lakonisch: »Heutzutag is' auf nix mehr Verlass. Früher war des ois anders.«

Nun war der Name »Peter« nicht mehr anzubringen. Nach längerer Überlegung und mit Hilfe der vorgesehenen Patin einigte man sich auf den etwas ungewöhnlichen Namen Petronella. Dem Pendeln und Weissagen begegnete man beim Bauern in Moos nunmehr mit Misstrauen. Man verstand die Welt nicht mehr.

Das Geschlecht des Kindes schon vor der Geburt zu erfahren, war von jeher erwünscht und begehrt, und der Neugierde waren keine Grenzen gesetzt. Vom Pendeln und Kartenlegen erwarteten die Mütter Gewissheit in dieser für sie so wichtigen Frage. Besonders religiöse Menschen glaubten, durch eine Wallfahrt zu einem Marienheiligtum das Geschlecht des Kindes beeinflussen zu können. Andere schworen auf bestimmte Pigmentierungen der mütterlichen Gesichtshaut oder auf die Art der Essensgelüste – süß oder sauer.

All dies waren Vermutungen und Aberglaube, dem früher viel Platz eingeräumt wurde und der die Vorstellungskraft der Menschen bewegte. Der wissenschaftliche Fortschritt hat es heute möglich gemacht, schon frühzeitig das Geschlecht des Kindes durch Ultraschall zu erkennen. Diese Methode der Früherkennung ist gefragt und wird häufig angewandt. Sie sollte aber vorrangig dazu dienen, Regelwidrigkeiten zu erkennen und Schlüsse daraus zu ziehen. Doch auch über diese Untersuchungsart gibt es unterschiedliche Meinungen: Während die Ärzte sie für völlig gefahrlos halten, hörte ich immer wieder werdende Mütter klagen, dass sich nach einer Ultraschalluntersuchung das Kind ganz besonders stark bewege, als wollte es dagegen protestieren, dass es in seiner Ruhe gestört wird.

48

In den früheren Zeiten des reichen Kindersegens und der bescheidenen bzw. ärmlichen Verhältnisse wurde das gesamte Familienleben weit mehr, als man sich das heute vorstellen kann, von religiösen Bräuchen und Aberglauben bestimmt. Sauberkeit war zum Beispiel meist nur insoweit gefragt, als sie dem Aberglauben entsprach.

Nach alter Überlieferung durften die Fingernägel des Kindes niemals abgeschnitten, höchstens abgebissen werden, weil sonst Dämonen Macht über das Kind bekommen könnten. Ebenso war es verboten, dem kleinen Kind die Haare zu schneiden, weil man so seinen frühen Tod herbeiführte oder im günstigsten Fall aus dem Kind ein Dieb werde. Man achtete streng darauf, dass die Kopfhaut des Kindes im ersten Lebensjahr nicht durch Regen nass wurde; denn es bekäme mit Sicherheit sonst rote Haare. Ein ungewaschenes Kind durfte nicht aus dem Haus, da sonst der Schutzengel weine und das mit Sicherheit böse Folgen habe. Im Gegensatz dazu durfte der Grind nicht entfernt werden, weil sonst ein Kind dumm bleibe sein Leben lang.

Neugeborene werden häufig vom Grind, also Schorf, befallen. Diese gelbliche Kruste kann sich in extremen Fällen über die ganze Kopfhaut ausbreiten und erhebliche Schwierigkeiten machen. Es ist sehr schwer, diesen Belag zu beseitigen, wenn man nicht rechtzeitig dagegen angeht.

Einmal kam Ulla besorgt zu mir und bat mich, nach ihrem Kind zu sehen; es würde seit einiger Zeit einen kranken Eindruck machen, häufig die Nahrung verweigern und sehr viel schreien. Die Schwiegermutter meine zwar, dass es die Zähne seien, die dem Kind zu schaffen machen, das würde sich von allein wieder geben. Doch die Mutter machte sich ernsthafte Sorgen um die Gesundheit ihres Kindes.

Die Hilfe oder den Rat des Arztes einzuholen, war damals noch kaum üblich. Man verließ sich vor allem auf die Erfahrungen der Schwiegermütter, Mütter oder Nachbarinnen. Wenn sich auch diese Hilfe nicht bewährt hatte, holte man den Rat der Hebamme. So besuchte ich also das kranke Kind, ohne zu wissen, was mich da erwartete. Das etwa zehn Monate alte Mädchen lag teilnahmslos in seinem Bett, zog die kleine Stirn in Falten und sah mich mit seinen großen Augen traurig an.

Ein dicker, gelblicher Belag bedeckte die Kopfhaut, so dass von den Haaren nichts zu sehen war. An einer Stelle über der Stirn hob ich die feste Kruste etwas an und ich war entsetzt: Denn was ich da zu sehen bekam, war kaum zu glauben. Unter dieser Öffnung krabbelten dicke Läuse hervor, die unter dem schützenden Grind wuchsen, sich vermehrten und sichtlich wohlfühlten.

Armes kleines Mädchen! Was mag dieses Kind wohl gelitten haben, ohne sich äußern zu können, nur weil Aberglaube und Unverstand das Sagen hatten.

49

Hygiene war in vielen Häusern ein unbekannter Begriff und so erlebte ich auf diesem Gebiet oftmals meine blauen Wunder.

An einem Sonntagvormittag wurde ich nach Bachöd gerufen zu Emmerenz Hafner, die ihr erstes Kind erwartete. Ein früherer Schafstall, zu einer »Wohnung« umfunktioniert, war die Bleibe der Eheleute Heinrich und Emmerenza Hafner, die hier mit sich und der Welt zufrieden waren. Es gehört schon sehr viel Bescheidenheit dazu, um in diesem unvorstellbaren Milieu, wie ich es vorfand, leben zu können. Die Haustüre, die zugleich die Stubentüre war, knarrte und klemmte erheblich, als ich eintrat. Die Löcher und die losen Bretter im Fußboden waren geeignet, sich Hals und Bein zu brechen, wenn man nicht Balance hielt. Es war dunkel im Raum, denn das winzige Fenster, das mit dicken Eisenstäben versehen war, ließ kaum Licht in die Stube. Dafür klaffte an der Decke ein beachtliches Loch, durch das man den blauen Himmel sehen konnte, und somit war, was das Licht betraf, ein Ausgleich geschaffen. Bei Regenwetter allerdings musste man den Waschzuber darunterstellen, was wiederum die Mühe des Wasserholens vom Brunnen ersparte.

Geblendet vom hellen Sonnenlicht draußen, sah ich schemenhaft zwei Gestalten, die von der Ofenbank her auf mich zukamen.

Heinrich Hafner stotterte erheblich, aber er wusste, was der Anstand erforderte, als er sagte: »Heini, Heini,

Hafner Heini hoaß i' und des is is d'Emmerenz«, dabei zeigte er auf seine Frau, die mich ängstlich betrachtete. »I' spür's seit heut' Nacht im Kreiz, und i' moan, es könnt los geh', aber nix g'wiss woaß i' net«, meinte sie bescheiden.

Aus dem prall gefüllten Strohsack, der in der hintersten Ecke als Liegestatt diente, sprang soeben eine Maus, die in der Holzkiste unter dem Küchenherd verschwand. Niemand nahm Notiz von dem ungewöhnlichen Mitbewohner, und so setzte man das Gespräch fort. Ich erfuhr, dass es außer dieser Stube noch eine Kammer gebe, in der aber die beiden Ziegen als Milchlieferanten untergebracht seien. Ich war gewiss allerhand gewöhnt, und primitive Behausungen kannte ich zur Genüge, aber das hier war die absolute Spitze. Im Laufe meines Berufslebens nahm ich Hausgeburten oftmals unter primitivsten Bedingungen vor, aber in jener Umgebung schien mir eine solche ein echtes Risiko. Ich erklärte den beiden, dass ich Emmerenz in das Krankenhaus mitnehmen würde und nannte die Gründe für meine Entscheidung. Man hatte keine Einwände, und so nahm ich die werdende Mutter in meine Obhut.

»Mei is' da sche' herin'«, wunderte sich Emmerenz, denn sie hatte noch nie ein Krankenhaus von innen gesehen. Nun erst erkannte ich, dass ein Bad für sie dringend notwendig war, und zwar noch vor der Geburt ihres Kindes. Doch Emmerenz sträubte sich mit Händen und Füßen gegen das unbekannte Ding, das Badewanne hieß. »Net mit 100 Roß bringst mi' da nei, moanst i' mag da drin dasaufa«, argumentierte sie. Mit beiden Händen hielt sie ihre Kleider umklammert, um keinen Preis wollte sie sich von ihnen befreien.

Schließlich einigten wir uns auf eine Körperwäsche außerhalb der Badewanne. Als erstes steckte ich ihre Füße in das Wasser, das ging ohne größeren Protest der Emmerenz, aber als ich mich an die Kleider heranmachte, setzte sie sich weinend mit lautem Geschrei zur Wehr, so dass ich nahe daran war, die begonnene Aktion abzubrechen.

Da kam mir ein genialer Gedanke. Die kommende Wehe wird mir in meinem Unterfangen zu Hilfe kommen. Während Emmerenz sich auf den Schmerz konzentrierte, gelang es mir, ihr die Kleider auszuziehen. Nach dem Abklingen der Wehe merkte sie erst, dass ich sie überlistet hatte, und machte ihrer tiefen Enttäuschung Luft, indem sie sagte: »Iatz mech'st a'so a'fein's Freilein sei', derweil ziagst Leit' nackat aus. Pfui Deifi! Des is ja direkt sündhaft.«

Das Fußwasser hatte inzwischen seine Farbe erheblich verändert, und das Waschbecken zierten breite dunkle Ränder. Das lange Haar, das ich von den klebrigen Substanzen befreit hatte, flocht ich zu einem losen Zopf, der nun weich und glänzend über den Rücken fiel. Emmerenz war nicht wiederzuerkennen. Die Wehen überstand sie, gemessen an der Waschprozedur, lautlos und schicksalsergeben. Als ich der frisch gesäuberten Mutter den kleinen Heini in den Arm legte, schien diese die Waschprozedur und den damit zusammenhängenden Ärger vergessen zu haben, als sie zu mir sagte: »I dank dir halt schee, und nix für unguat, woaßt scho.«

Der kleine Heini war ein gesundes Kind mit gutem Appetit und ruhigem Schlaf, es gab keinerlei Probleme. Die Zeit der Heimfahrt für Mutter und Kind rückte näher. Die Tage des Krankenhausaufenthaltes der Mutter benutzte ich zu einem Gespräch mit dem Bürgermeister, der auf meine Fürsprache hin der kleinen Familie eine andere, menschenwürdigere Wohnung zuwies.

Vor der Tür des neuen Hauses erwartete uns Heini, der glückliche Vater und sagte als erstes: »Ja Emmerenz, wia schaugst denn du aus?« – »Ja wia denn nachat«, gab sie die Frage zurück. »Mei, anders halt, scheener, vui scheener«, war seine vielsagende Antwort. Als ich mich verabschiedete, sagte ich zur Emmerenz: »Ich wünsch dir Glück in deinem neuen Heim, und nun freu dich, dass du ein gesundes Kind mit nach Hause nehmen konntest, das du nun pflegen und versorgen musst, damit es gedeihen kann. Dir selbst hat der Krankenhausaufenthalt gut getan, auch deshalb, weil du gelernt hast, Wasser und Seife zu benutzen.« »Sell scho«, antwortete sie, »aber dass du mi' nackert auszogn hast, des vergiss i dir nia.« Aber Emmerenz hat es vergessen, denn ihren weiteren Kindern habe ich ebenfalls zum Leben verholfen.

Hygiene, Sauberkeit waren nicht nur für Emmerenz unbekannte Wörter. Besonders im bäuerlichen Bereich fand ich häufig unglaubliche Verhältnisse auf diesem Gebiet vor. Der alte Spruch: »Der Putzaus und der Kehraus bringen kein Brot ins Haus«, wurde häufig wörtlich genommen. Sauberkeit brachte weder Lohn noch Geld, und deshalb sah man diese Dinge als nutzlos an, und darin investierte Zeit und Kraft wurden als wertlos erachtet. Es mag wohl auch das enge Zusammenleben von Mensch und Tier ungünstige Auswirkungen auf Hygiene und Sauberkeit gehabt haben, aber auch die enorme Arbeitsleistung einer Landfrau, deren langer, schwerer Arbeitstag eine

Übermüdung zur Folge hatte und die eine gewisse Gleichgültigkeit für alles nicht unbedingt Notwendige aufkommen ließ. Wurde eine geplagte Bäuerin von Geburt oder Fehlgeburt überrascht, so wurde oft deutlich, wie wenig sie von Sauberkeit hielt, aber auch wie abgerackert und müde sie war.

Trotz dieser oft unliebsamen Umstände wurde ich bei den Hausgeburten nie mit Wochenbettfieber oder Brustdrüsenentzündungen konfrontiert; diesen Frauen schien der Schmutz in ihrer Umgebung nichts anhaben zu können.

Immer wieder musste ich an die Schule zurückdenken, in der gelehrt wurde: »Hygiene bedeutet Fernhaltung krankhafter Einflüsse vom menschlichen Lebensbereich, bedeutet Pflege und Erhaltung der Gesundheit durch eine entsprechende Lebensweise.«

Wie weit war ich manchmal von dieser Weisheit entfernt! Gegen eine von den Vorfahren übernommene Lebensart kam ich, mit ganz wenig Ausnahmen, nicht an. Emmerenz war eine dieser Ausnahmen, die sich später überzeugen ließ, dass vor allem Körperpflege zum Wohlbefinden eines Menschen gehört. Sie lernte schnell, mit Wasser und Seife umzugehen, und ihr Mann sowie der kleine Heini profitierten davon. Sie war eine aufmerksame Zuhörerin, wenn ich ihr zu verstehen gab, dass der menschliche Körper ein Geschenk Gottes sei, das man durch Pflege gesund erhalten muss.

50

In den Zuhäusern der Bauernhöfe war ich ein häufiger Gast. Diese Wohnungen waren der Alterssitz der Austragsbauern. Sie wurden aber meistens nicht genutzt; denn häufig blieben die alten Leute bis zu ihrem Lebensende auf dem Hof und machten sich, so gut es ging, noch nützlich.

In der Zeit der großen Wohnungsnot nach dem Krieg waren diese »Zuhäusl« eine willkommene Bleibe und besonders geschätzt bei sozial Schwächeren. Außer zwei Kammern, die keinerlei Luxus boten, gab es nichts. Häufig fehlte elektrisches Licht, statt dessen diente eine Petroleumlampe als Beleuchtung. Das Wasser zum täglichen Gebrauch holte man vom Brunnen, sofern es keine Wasserleitung im Bereich des Hofes gab. Folglich waren sanitäre Anlagen in diesen Wohnungen unbekannt. Für gewisse menschliche Bedürfnisse benutzte man das Häusl mit dem eingeschnittenen Herzerl an der Tür, das man auf einem längeren Weg quer über den Hof draußen im Freien erreichen konnte. Der Zweckmäßigkeit halber wurde es am Rande des Misthaufens errichtet, was den Zugang bei Regenwetter erheblich erschwerte. Diese so genannte »Toilette« nannte man ganz einfach »Häusl«, und jeder wusste, was damit gemeint war. Diesen zugigen Ort in den Wintermonaten aufzusuchen, war kein Vergnügen und für Wöchnerinnen sogar gesundheitsgefährdend.

Eines dieser stillen Örtchen blieb mir bis heute in Erinnerung, weil es damit eine besondere Bewandtnis hatte.

Einem heißen Sommer folgte ein warmer, farbenfroher Herbst, der noch alle Naturschönheit zur Geltung brachte.

Ich war auf dem Weg zum Huberhof an der Leiten, in dessen Zuhaus eine junge Mutter ihr erstes Kind erwartete. Der Hof am Waldrand wirkte einsam und düster, und man sagte ihm nach, dass er früher Wilddieben und dunklem Gesindel Unterschlupf geboten habe. Schon bald hatte ich das Zuhäusl erreicht, an dessen Mauern der Zahn der Zeit erheblich genagt hatte. Die altersschwache Stiege ächzte und knarrte unter meinem Schritt, und ihr Geländer war morsch und brüchig. »Wennst zur Marianne möchst, de is ned drob'n, de is im Häusl hint.« Es war Zenzi, die langjährige Magd des Leitnerbauern, die mich über den Verbleib der werdenden Mutter unterrichtete. Bevor sie sich zum Gehen wandte, meinte sie noch: »Sie is scho lang dahint, i woaß net, dass sie so lang braucht.« Ich ahnte nichts Gutes und lief die Stiege hinunter, über den Hof zu dem stillen Örtchen. Hier fand ich sie, die ich suchte, in einem erbarmungswürdigen Zustand. In halber Höhe lehnte sie an den Wandbrettern, mit beiden Händen ihr Neugeborenes festhaltend. »Gott sei Dank, dass d' da bist«, war das einzige, was sie sagen konnte. Um einige Augenblicke kam ich zu spät, aber noch früh genug, das Kind von der Umschlingung der Nabelschnur zu befreien, die sich mehrere Male um den Hals gelegt hatte. Durch die Atemnot war das Gesicht des Kindes blau verfärbt, und Arme und Beine hingen schlaff am Körper. Nach kurzer Wiederbelebung tat es den ersten Schrei, es lebte. Der Eintritt in das Leben dieses Kindes war, wenn man die Umgebung betrachtete, mehr als ungewöhnlich. Wenn ich diese tief dunkle Öffnung ansah, die dem Kind unter Umständen zum Grab hätte werden können, dann bekam ich eine Gänsehaut. Aus meinem mitgebrachten Hebammenkoffer nahm ich die Instrumente zur Abnabelung und Tücher für Mutter und Kind, um sie mit dem Allernotwendigsten zu versorgen. Froh, diesen Ort verlassen zu können, machten wir uns auf den Weg zum Zuhaus. Wohltuend verspürten wir die warmen Strahlen der Herbstsonne und die reine Luft der nahen Wiesen und Felder. Gemächlich kam die Leitnerbäuerin die »Gred« entlang auf uns zu und sagte: »Da hast no amal Glück g'habt, Marianne. Des hält' leicht schief geh' könna, des nächste Mal bleibst in der Stubn drin, wenns soweit is.« Der erstaunlichen Abwehrkraft dieser naturverbundenen Menschen ist es zu verdanken, dass Marianne und ihr Kind gesund blieben.

Auf dem Heimweg fiel mir wieder die Hebammenschule ein. Was hätte wohl Professor Burger zu dieser Art Geburtshilfe gesagt, er, der Sterilität und Asepsis in ganz besonderem Maße lehrte. Ihm wären gewiss die Haare zu Berge gestanden. Ich hörte ganz deutlich seine Stimme, wenn er zu sagen pflegte: »Das A und O in der Geburtshilfe ist Keimfreiheit. Nur so können Sie Infektionen und Wochenbettfieber fernhalten. Achten Sie immer auf Ihre Hände! Schützen Sie sie vor Keimen und Verletzungen; denn sie sind ein wertvolles Gut in diesem Beruf.«

In aller Bescheidenheit, Herr Professor: Hygiene, Sterilität, Asepsis sind gewiss wichtige Voraussetzungen in der Geburtshilfe, die in der Klinik streng beachtet werden, doch auf dem Land gelten häufig andere Regeln. Hier fehlt oftmals jegliche Hygiene, und Asepsis ist ein absolut unbekanntes Wort.

Wir Landhebammen mussten uns mit den bestehenden Gegebenheiten auseinander setzen. Wir konnten die von alters her überlieferten Gesetze nicht durchbrechen, wir konnten nur versuchen, das Beste daraus zu machen, immer begleitet von der Sorge um das Leben und die Gesundheit von Mutter und Kind.

Nach einigen Monaten wurde ich erneut in das Austragshaus auf der Leiten geholt. Marianne war inzwischen mit ihrer Familie nach Waldkraiburg umgezogen, um näher am Arbeitsplatz ihres Mannes zu sein. Die jetzigen Bewohner seien »Welsche«, die von »drüben« kämen und dringend einen Unterschlupf brauchten, so sagte man mir.

Der erste Schnee lag schon über Wiesen und Feldern, rauh und kalt wehte der Wind von der nahen Leiten her, als ich wieder die wackelige Stiege dieser Behausung betrat. Zwei bärtige Männer begrüßten mich freundlich, der eine von ihnen führte mich in die Schlafkammer, in der mich ungewöhnliche Dinge erwarteten. Hier lag die junge Mutter mit starker Blutung, ängstlich und verwirrt. Dort liege das Kind, sagte sie mir und deutete auf die Kommode, und ihr sei so übel, sie glaube, sterben zu müssen. Die durchtrennte Nabelschnur zeigte, dass sich die Plazenta noch nicht abgelöst hatte und dass dies der Grund für die Blutung war. Mit einem festen Griff, unter Zusammenziehen der Bauchdecke drückte ich die Nachgeburt nach draußen und die Blutung hörte auf. »Wo ist das Kind?« fragte ich die Mutter. Sie deutete auf den zugedeckten Schuhkarton, der auf der wurmstichigen Kommode stand. Ich hob den Deckel und fand ein totes Kind, das etwa im siebten bis achten Monat geboren wurde. »Es kam tot, es hat nicht geschrien, nicht einmal. Warum, warum?«, weinte die Mutter. Ja, warum? Hat es gelebt, hat die natürliche Lungenatmung eingesetzt oder wurde es tot geboren? Bei 37 Zentimeter Körperlänge muss auf jeden Fall eine standesamtliche Meldung erfolgen, nur: Hat es gelebt oder wurde es tot geboren, diese Frage ist für das Standesamt von Wichtigkeit. Ich konnte sie nicht beantworten. Da keine Gewaltanwendung, die zum Tod des Kindes geführt hätte, sichtbar war, ließ ich die Sache erst einmal auf sich beruhen.

Die Mutter schien sich, trotz des Blutverlustes, relativ gut zu erholen, und so trat ich in dieser Nacht den Heimweg an, um am nächsten Morgen alles Notwendige in die Wege zu leiten.

Am nächsten Tag machte ich mich zeitig auf den Weg, um nach der Wöchnerin zu sehen, die eventuell in ärztliche Betreuung gehörte. Da erlebte ich eine weitere Überraschung. Es war kaum zu glauben, aber die »Vögel« waren ausgeflogen, ohne Wiederkehr, wie man später feststellte. Türen und Fenster standen weit offen, als ich die Wohnung betrat, und der Wind ließ die bunten Vorhänge flattern, die Marianne noch genäht und aufgehängt hatte. Alle brauchbaren Gegenstände, einschließlich meiner Kittelschürze, hatten diese Leute mitgenommen, nur das tote Kind im Schuhkarton ließen sie zurück. Einsam, namenlos lag es auf der Kommode, so wie ich es verlassen hatte. Ich sah lange auf den kleinen leblosen Körper, der vergessen wurde, so als hätte es ihn nie gegeben. Eine Sache, ein Gegenstand, der es nicht wert war, sich um ihn zu kümmern.

Traurig, deprimiert über so viel menschliche Härte, wurde mir wieder bewusst, wie dunkel die Schattenseiten meines Berufes sein konnten.

Beim Verlassen der Wohnung erinnerte ich mich an die Schule, an die Worte von Professor Burger: »Halten Sie Ihre Gefühle unter Kontrolle, denn sonst gehen Sie zugrunde.«

Nicht immer war dies möglich, besonders dann nicht, wenn man die Menschen und deren Umfeld kannte und an ihren Sorgen teilnahm. Daraus ergaben sich Angst, Mitleid, aber auch Freude und Trauer. Dies waren Menschen, für die man verantwortlich war, nicht nur medizinische Fälle.

51

Das Berufsleben brachte mir im Laufe der Jahre reiche Erfahrung und Menschenkenntnis, die mich unter anderem Wahrheit und Lüge zu unterscheiden lehrte.

In den Stunden des Wartens und der Schmerzen äußert sich die Eigenart eines Menschen ganz besonders, und viele unausgesprochene Probleme werden offenbar, die man sonst verdrängt und mit niemandem teilen will. Je nach Charakter nahmen die Mütter die Wehen ganz unterschiedlich hin: gottergeben, betend, schimpfend, schreiend. So konnte ich tief Einblick nehmen in die menschliche Psyche, in die Sorgen und Ängste dieser Mütter, und manchmal war es möglich, mit Rat und Trost zu helfen.

Auch das Verhalten der Männer ist in einer solchen Lebenslage sehr verschieden. Während mir die einen zur Hand gingen, alles Nötige herholten und trotz der Sorgen im Gesicht der werdenden Mutter ganz einfach durch ihre Gegenwart eine seelische Stütze waren, randalierten andere laut und meist betrunken und brachten durch ihr Verhalten Unruhe und Hektik in das Geschehen, so dass die Wehentätigkeit und damit auch der Geburtsverlauf ungünstig beeinflusst wurden. Solche Männer waren für mich ein Ärgernis, und ich wünschte diese unangenehmen Zeitgenossen dahin, wo der Pfeffer wächst. Die menschliche Nervenkraft ist bekanntlich recht unterschiedlich. So beobachtete ich Männer, die sich dem Geschehen durch Flucht entzogen und erst wieder auftauchten, wenn sie glaubten, dass alles vorbei war. Bemerkenswert ist, dass Männer mit harten Berufen wie Metzger oder Viehhändler usw. am wenigsten belastbar waren. Sie fingen meist schon sehr bald zu schwitzen an, wurden weiß um die Nase, und manche kollabierten, noch ehe sie die Türe erreichen konnten.

Die unangenehmsten Ehemänner waren jene, die glaubten, auch bei einer Wöchnerin auf ihr vermeintliches Recht bestehen zu können und ohne Rücksicht auf gesundheitliche Folgen ihre Forderungen durchsetzten. Mit letzteren redete ich immer sehr deutlich, deshalb konnten mich diese Männer nie recht leiden. Sie sahen mich lieber gehen als kommen, doch die Mütter waren mir dankbar, denn ihr Protest wurde von ihren Männern meist nicht zur Kenntnis genommen.

Angela, von der ich jetzt berichte, war eine jener bedauernswerten Mütter.

Der Frühling, die Zeit des neuen Lebens, ist eine der schönsten im Jahreskreis.

Für Angela P. begann ein neuer Lebensabschnitt, und damit eine schwere Zeit. Wohlbehütet und umsorgt wuchs sie in einem glücklichen Elternhaus zu einem gebildeten, sehr religiös erzogenen Mädchen heran, von dem alles Unangenehme ferngehalten wurde. Den glücklichen Jugendjahren folgte bald der Ernst des Lebens, denn die Mutter wollte ihre Tochter versorgt wissen und drängte zur Heirat mit Hermann Zoll, der gute Manieren und eine gesicherte Position vorzuweisen hatte. Obwohl Angelas Zukunftswünsche in eine andere Richtung gingen, fügte sie sich gehorsam dem mütterlichen Wunsch.

Von dem Leben, das nun vor ihr lag, hatte sie wohl

auch aufgrund ihrer Erziehung kaum Vorstellungen, und so kam es, wie es kommen musste.

Das Eheleben brach wie ein Unwetter über sie herein, das ihre idealen Werte zu zerstören drohte. Ein Leben in der Form war diesem frommen, sensiblen Mädchen zutiefst fremd und stürzte sie in arge Verzweiflung. Sie erkannte zu spät, dass sie den falschen Weg eingeschlagen hatte, als sie dem Drängen der Mutter nachgab. Denn ihr Wunsch war das Kloster, in dem sie in der Stille der Abgeschiedenheit ihren Glauben leben konnte, aber diesen Gedanken musste sie endgültig begraben. Ihre seelische Erschütterung konnte sie mit niemandem teilen, denn ihr Mann hatte für solche Vorgänge kein Verständnis. Er war auf seine Person und seine Wünsche fixiert, was er als sein gutes Recht betrachtete. Angelas innere Zerrissenheit störte ihn wenig, wenn er sie überhaupt zur Kenntnis nahm. So nahm nun Angela dieses Leben als gottgewolltes Schicksal hin, das ihr nicht nur seelisches Leid bringen sollte.

Es war ein Sonntagmorgen, als ich zu Angela, die ihr erstes Kind erwartete, gerufen wurde. Still, wortlos und in sich gekehrt, ließ sie den Wehenschmerz über sich ergehen, ihre großen Augen waren voll Trauer. Ich versuchte, zu ihrem Inneren Zugang zu finden und meinte, eine gewisse Schmerzäußerung könne sich manchmal günstig auf den Geburtsvorgang auswirken, vor allem die Freude auf das junge Leben, sie solle das einmal überdenken. Aber nur traurige Augen waren die Antwort. Sie schien teilnahmslos zuzuhören, wenn ich ihr Anweisungen gab, und ihre Gedanken waren weit weg. Ich massierte ihr den Rücken, wischte ihr den Schweiß von der Stirn und versuchte ihr zu erklären, dass dieser Schmerz einer sehr großen

Freude weichen würde, wenn sie ihr Kind in den Armen halten werde, und dass die Geburt eines Kindes immer als eines der größten Wunder dieser Erde zu betrachten sei. Mir war, als sähe ich ein kleines Lächeln, und mit einem Mal kam es wie ein Strom aus ihrem Inneren, alle Enttäuschung, alle erlebte Qual, die sich im Laufe ihrer kurzen Ehe aufgestaut hatte, fanden endlich Befreiung in diesem Gespräch. Diese Ehe, so schien es mir, war Spannungen ausgesetzt, die man nur ahnen konnte. Die eigentlichen Hintergründe dieser unglücklichen Verbindung erfuhr ich erst viel später, und sie waren erschütternd.

Nach mehrstündiger Wehentätigkeit kam ein gesundes Mädchen zur Welt, das sich mit lautem Schreien bemerkbar machte. Angela stand wie vor einem Wunder, als ich es ihr in den Arm legte. Tränen der Freude und der Befreiung liefen ihr über die Wangen, und ihre Gesichtszüge wurden weich und warm. Durch dieses Kind konnte man auf eine Wende in der Beziehung dieser zwei so grundverschiedenen Menschen hoffen, so glaubte ich damals.

Die Kleine erhielt den Namen Erika, weil der Kindsvater diesen damaligen Modenamen für seine Tochter bestimmte. Der Zuname Marie war Angelas Wunsch. Die Pflege und Fürsorge für dieses Kind beschäftigte die junge Mutter sehr, so konnte man erwarten, dass alle anderen Probleme in den Hintergrund treten würden.

Nach einem Jahr stand ich wieder an Angelas Kreißbett, um ihr bei der Geburt des zweiten Kindes beizustehen. Ein Vorgang, der beide Male ohne Schwierigkeiten ablief. Die vermehrte Nachblutung und die depressive Stimmung hielt ich beim ersten Kind für eine im Wochenbett unangenehme Erscheinung, die manchmal auftreten kann. Als aber nach dem zweiten Kind eine verstärkte Blutung auftrat, Angela immer depressiver wurde und schließlich Fieber bekam, ahnte ich den Zusammenhang. »War Hermann da?«, fragte ich. Angela schwieg und weinte, da wusste ich alles. Aber was ich dann zu sehen bekam, das war erschütternd. Ein Dammriss war die Folge dieses »Besuches«. Losgelöst von allen Zwängen, denen sie ein Leben lang ausgesetzt war, fand sie den Mut, sich alle Not von der Seele zu sprechen, und ich erfuhr die ganze Tragik dieser Ehe.

Hermann Zoll, der charmante Mann mit guten Umgangsformen in gehobener Position, zeigte schon nach der Hochzeit sein anderes, sein zweites Gesicht. Er war nicht mehr der, der sich nach außen so überaus höflich und zuvorkommend zeigte. Er war ein Tyrann, der dieser jungen sensiblen Frau das Leben in der Ehe zur Hölle machte. Schweigend fügte sich Angela seinen Wünschen, denn Widerstand zog Strafe nach sich, die sie bald zu spüren bekam. Des Öfteren wurde sie in ihrer Wohnung eingesperrt, um keinen Kontakt mit den Nachbarn zu bekommen, die die Spuren der Misshandlung gesehen hätten. Private Telefonanschlüsse waren damals noch selten, so dass es auch auf diesem Weg nach außen keine Verständigung gab.

»Wie konnte mich Mutter in eine solche Ehe drängen«, sagte sie immer wieder. Diese war nun tot, eine Aussprache mit ihr gab es nicht mehr.

Eine Hoffnung für Angela waren die Kinder, die nun geboren wurden, weil sie glaubte, damit würde sich das Verhalten ihres Mannes zum Guten wenden. Doch diese Hoffnung trog, denn er zog auch die Kinder in diese Ehetragödie mit hinein.

Wollte Angela nur leise Widerstand zeigen, so rächte er sich an den Kindern, weil er wusste, dass dies Angela am härtesten traf. Ein wahres Martyrium! Eine Trennung? Aber da waren die Kinder, die finanzielle Abhängigkeit, die damaligen moralischen und juristischen Gesetze, die eine Trennung schier unmöglich machten. Angela sah darin keinen Weg, und so blieb sie weiterhin den Schikanen ihres Mannes ausgeliefert.

Das Gespräch, das ich anschließend mit ihrem Mann führte, war für uns beide unerfreulich. Ich musste mir sagen lassen, dass ich mich in diese Dinge absolut nicht einzumischen hätte, weil sie außerhalb meiner Zuständigkeit lägen und mich deshalb nichts angingen. Außerdem sei ich eine Siebengescheite, die glaube, ihm, Hermann Zoll, Vorschriften machen zu können. »Sie werden staunen«, antwortete ich, »das kann ich, und wenn Sie Ihr Verhalten nicht ändern und meine Anordnungen missachten, dann bekommen Sie Schwierigkeiten mit mir.« Wütend verließ er den Raum, nicht ohne mir zu versichern, dass ich das letzte Mal in seiner Wohnung gewesen sei. Seine früheren guten Manieren schien Herr Zoll endgültig vergessen zu haben. Eine massive Wochenbettinfektion konnte rechtzeitig abgewendet werden, es ist noch einmal gut gegangen.

Trotz der unliebsamen Auseinandersetzung mit Herrn Zoll wurde ich beim dritten Kind wieder zu Angela geholt. Diesmal nahm ich sie mit in das Krankenhaus, denn diesem feinen Herrn traute ich nicht mehr. Seinen lautstarken Protest unterbrach ich mit den Worten: »Sie wissen sehr gut, warum ich das veranlasse!«, da schwieg er. Nun verlief nicht nur die Geburt reibungslos, auch das Wochenbett brachte keinerlei Probleme und Angela fühlte sich in einer anderen Umgebung sichtlich wohl.

Nach dem vierten Kind fing Angela zu kränkeln an. Ihre Beine wollten sie nicht mehr so recht tragen, sie hatte Schmerzen im Rücken und in der Hüfte, sie magerte ab, schließlich konnte sie sich nur noch mit Krücken fortbewegen und war nun fortan auf die Räume ihrer Wohnung im dritten Stock eines Mietshauses angewiesen, und der Rollstuhl war nur noch eine Frage der Zeit. Als sie schließlich das Bett nicht mehr verlassen konnte und auf fremde Hilfe angewiesen war, fasste man die Verlegung in ein Pflegeheim ins Auge. Dagegen aber wehrte sich Erika ganz entschieden, die mittlerweile zu einem verantwortungsbewussten jungen Mädchen herangewachsen war. Die Vierzehnjährige erkannte sehr bald den Zwiespalt, in dem ihre Eltern, zwei so wesensfremde Menschen, lebten und umsorgte die Mutter, soweit ihr die Schule dafür Zeit ließ.

Für Angela war ihre Hilflosigkeit, das Angewiesensein auf fremde Hilfe eine schwere Bürde, die sie als stille Dulderin ertrug. Doch damit nicht genug. Als Gelähmte wurde sie noch einmal Mutter, was ihr sehr viel Kraft abverlangte. Aber auch das nahm sie ohne Klagen hin.

Im Alter von 39 Jahren war ihr dorniger Lebensweg beendet. Heute weiß ich, dass sie ihren Worten treu geblieben ist, als sie einmal zu mir sagte: »Ich kann nichts mehr für meine Kinder tun, aber ich werde sie von oben her im Auge behaltend. Und das tat sie, denn alle ihre Kinder gingen in ihrem Leben den geraden Weg als tüchtige Menschen in ihren Berufen.

Der Tod seiner Frau ließ Hermann Zoll nachdenklich werden, als er zu mir sagte: »Ich möchte ihr noch so viele, gute Worte sagen, doch nun ist es zu spät.« Ja, diese Erkenntnis kam zu spät, denn sie ist für immer gegangen.

52

Das folgende Schicksal prägte sich in mein Gedächtnis ein – ich werde es nie vergessen: Veronika, eine Vollwaise, kam, gerade vier Wochen alt, zu Pflegeeltern, die die Waisenrente des kleinen Mädchens als Aufbesserung ihres eigenen Lebensunterhaltes betrachteten. Der Großmutter, die sich erst liebevoll des Kindes angenommen hatte, entzog das Jugendamt die Erziehungsrechte, weil sie glaubte, dass die sechzigjährige Frau diese Aufgabe nicht mehr erfüllen könne.

Für die kleine Veronika begann ein Leidensweg, der sie für das ganze Leben prägte. Als Kleinkind verbrachte sie ihre Tage und Nächte in der untersten Schublade einer Kommode, die man gelegentlich auf- und zuschob. Nach einem halben Jahr wog das Kind kaum mehr als vorher.

Völlig unterernährt und verkommen, wurde Veronika vom Jugendamt in eine andere Pflegestelle gebracht. Hier erhielt sie zwar das zu ihrem körperlichen Gedeihen Notwendige, aber weder Liebe noch Zuwendung, ohne die sich ein so junges Pflänzchen nicht entwickeln kann. Schon sehr bald wurden Erziehungsmethoden angewendet, die für das seelische Wohlbefinden des kleinen Mädchens denkbar ungeeignet waren: Prügel, Essensentzug und immer wieder Prügel. Der Erfolg dieser gewalttätigen Erziehungsmethode war ein Gehirnschaden, mit dem Veronika zeit ihres Lebens behaftet war. Eine freudlose Kindheit ging in eine ebensolche Jugend über. Als Veronika ihren jetzigen Mann kennenlernte, glaubte sie nun ihr erträumtes Glück gefunden zu haben. Ein kleines bescheidenes Glück, mit ein bisschen Zuwendung und einem Zuhause ohne Schläge. Sie glaubte fest daran, da auch ihr Mann aus demselben Milieu kam, einem Heim, in das er als Kind abgeschoben wurde. Doch Glück gab es für Veronika keines. In diesem Mann wurden, als er bemerkte, dass er der Überlegene war, Aggressionen frei, die er in Schlägen abreagierte, und die Veronika, gewohnt an körperliche Misshandlungen, demütig hinnahm. Mit dem ersten Kind schien sich für die junge Mutter eine Wende in ihrem Leben abzuzeichnen. Ihre dunklen Augen leuchteten, als sie das kleine Mädchen liebkoste, das sie nach beendeter Geburt im Arm hielt. Hier war jemand, dem sie Liebe geben und von dem sie Liebe empfangen konnte. Für das Kind lohnte es sich zu leben.

Aber auch dieses Glück war nicht von Dauer. Das Jugendamt war der Meinung, dass der jungen Mutter die richtigen Voraussetzungen für Pflege und Erziehung des Kindes fehlten und nahm es ihr, um die kleine Steffi bei Pflegeeltern unterzubringen.

In ihrem Schmerz besuchte mich Veronika, stumm und mit großen traurigen Augen. Als dann endlich die erlösenden Tränen kamen, konnte sie berichten, was geschehen war.

Behörden und Nachbarn sprechen von Verordnungen und Gesetzen und von Veronikas Unbeholfenheit, aber nicht von deren Hintergründen und nicht von Veronikas Liebe zu ihrem Kind, einer Liebe, die mehr vermag, als Außenstehende beurteilen können.

53

Die Nachkriegszeit brachte unter anderem eine erhebliche Wohnungsnot mit sich. Man konnte sich glücklich schätzen, wenn eine Stube heizbar und vor Regen geschützt war. In Bunkern und Wohnbaracken wohnten die Ärmsten der Armen, die sonst keine Unterkunft gefunden hatten. Aber auch in der größten Armut werden Kinder geboren, und ich musste mich immer wieder wundern, mit welchem Erfindergeist die Mütter es schafften, ihren Neugeborenen ein einigermaßen brauchbares Bett zu richten. Diesen Müttern gilt heute noch meine ganz besondere Bewunderung.

Unter so extrem primitiven Bedingungen Geburtshilfe zu leisten, erforderte auch von mir ein Anpassen, ein Umdenken, um das Beste aus dieser Notlage zu machen. Ich danke heute noch jenen Bäuerinnen, die mir ihren »Weisertwecken« oder den »Weisertkorb« mit Lebensmittel gaben, damit ich es denen bringen konnte, die weniger hatten.

Nach einigen Jahren begann der wirtschaftliche Aufschwung. Die Ansiedlung der ausländischen Arbeiter mit ihren Familien brachte auch für mich Neues, Fremdes, Ungewohntes. Ich musste mich nun mit der Mentalität und den Sprachschwierigkeiten dieser Leute befassen, um den Müttern in ihren schweren Stunden und seelischen Ängsten beistehen zu können. Die Erfahrung hat mich gelehrt, dass man auch ohne Fremdsprache und ohne Worte die Menschen trösten kann, ganz einfach durch Gesten und Gebärden und ein bisschen guten Willen. Die Südländerinnen mit ihren dunklen, immer ein wenig traurig scheinenden Augen dankten es mehr, als Worte zu sagen vermögen.

Es war Spätherbst. Der kalte Wind von Norden ließ den Winter erahnen, Wald und Flur begaben sich zur Ruhe. In eine der nummerierten Baracken wurde ich eines Nachts zu einem türkischen Ehepaar gerufen, das sein erstes Kind erwartete. Von einer Frau unbestimmten Alters, die als Dolmetscherin fungierte, erfuhr ich, dass Mustafa und Camilah Akcei vor zwei Monaten aus Anatolien gekommen waren und dass ich Frau Akcei mit ihrem Vornamen ansprechen möchte. Das Mobiliar dieser Stube war mehr als dürftig und doch glaubte ich mich in den Orient versetzt, wenn ich die Teppiche betrachtete, die an den Wänden hingen. Sie alle zeigten Motive aus der türkischen Heimat und des moslemischen Glaubens: Minarette, Moscheen, das Heiligtum Mekka. Auf einem Teppich sitzend, die Beine gekreuzt, erkannte ich die werdende Mutter, die ihr Gesicht hinter einem dichten Schleier verborgen hatte, der ihre Gesichtszüge nicht erkennen ließ. Ganz sachte hob ich diesen Schleier und bedeutete ihr, dass sie ihn für die kurze Zeit der Geburt ablegen sollte, weil dies für uns beide wichtig sei, um uns zu erkennen und damit nun die Geburt zu einem guten Ende bringen könnten. Die Dolmetscherin übersetzte. Nun hörte ich das erste Wort von Camilah: »Insch allah!« Wie Gott will.

Die Geburt verlief reibungslos, wenn auch unter viel Geschrei, sowohl von Seiten der Mutter als auch der weiblichen Verwandten, die sich eingefunden hatten. Der junge Vater schluckte schwer an der Nachricht, dass es ein Mädchen war, hatte er doch sehr auf einen

Sohn gehofft. Es schien ihn nicht sonderlich zu trösten, als ich meinte, der Stammhalter komme bestimmt noch, man müsse nur Geduld haben, insch allah! Aber Gottes Wille war es nicht, dass Mustafa einen Sohn bekam. Nach der kleinen Fatmah kamen noch drei Mädchen, die nach moslemischen Begriffen keinen oder nur geringen gesellschaftlichen Wert haben. Mustafa, der Erzeuger, war beleidigt, gekränkt in seiner Mannesehre, er konnte so viel Schmach nicht verkraften und zog die Konsequenzen. Er verließ seine Familie auf Nimmerwiedersehen, und Camilah war nun mit ihren vier Töchtern allein. Aber wie so oft im Leben wachsen manche Menschen in der allergrößten Not über sich selbst hinaus. Diese Frau, die nun nicht mehr dem Willen ihres Mannes untergeordnet war, mobilisierte erstaunliche Kräfte, legte als erstes ihren Schleier ab, fand Arbeit, und ihre Kinder gab sie tagsüber zu Bekannten in sichere Obhut.

Jahre vergingen. Die Mädchen wuchsen heran und damit auch die Sorgen der alleinerziehenden Mutter. Camilah als strenge Moslime sah es gar nicht gern, wenn sich ihre Töchter viel bei deutschen Freundinnen aufhielten, dort – Allah möge ihnen die Sünde verzeihen - Schweinsbraten mit Knödel aßen und ihr erzählten, wie gut es geschmeckt habe. Ihre größte Sorge aber sei, so sagte sie mir des Öfteren, dass die Mädchen bis zu ihrer Hochzeitsnacht unberührt bleiben sollten, denn das sei für türkische Begriffe das einzig Wichtige. Die Umstände hier seien ganz anders als in ihrer türkischen Heimat und deswegen habe sie diese Sorge, die sie Tag und Nacht plage. Arme Camilah! Sie hatte es wirklich schwer. Fatmah war nun 17 Jahre alt und hatte sich zu einem besonders hübschen

Mädchen entwickelt. Sie arbeitete in einem Textilbetrieb, brachte gutes Geld nach Hause, und ihren Urlaub benutzte sie erstmals, um ihre Verwandten in der Türkei zu besuchen. Hier lernte sie Nori, ihren späteren Ehemann kennen, der nach erledigten Formalitäten nach Deutschland nachkommen sollte. Liebevoll richtete Fatmah die kleine Wohnung als Heim für sie beide ein. Hübsche Bilder mit Blumenmotiven und deutschen Landschaften schmückten die Wände, alles mit viel Geschmack angeordnet und in westlichem Stil eingerichtet. Stolz berichtete mir Fatmah, dass alles in dieser Wohnung bar bezahlt sei und dass sie ohne Schulden ihr gemeinsames Leben beginnen könnten.

Die Hochzeit wurde ein Fest nach türkischem Brauch, mit Verwandten und Bekannten, mit Musik und Tanz, und die Geschenke konnten sich sehen lassen. Aber auch ein solcher Tag geht einmal zu Ende. Es wurde Abend und es wurde Nacht. Fatmahs Hochzeitsnacht! Stunden der Beglückung wurden für diese junge Frau zum Alptraum, zum Dilemma. Die erste Liebe ihres Lebens, die kaum begonnen hatte, endete jäh und in Trauer und Zorn.

Eine weinende Fatmah besuchte mich tags darauf, und ich erfuhr die ganze Tragödie dieser Nacht. Blaue Flecke an den Oberschenkeln und den Armen zeugten von der Brutalität dieses Mannes, der mit der Unberührtheit dieser jungen Frau nicht umzugehen verstand. »Ich hasse diesen Mann, mehr als ich sagen kann, ich hasse alle meine Verwandten, die am Morgen vor der Schlafzimmertür standen und sich nach dem Verlauf dieser Nacht erkundigt hatten. Ich hätte schreien können, ich will niemanden mehr sehen. Was soll ich tun? Helfen Sie mir!«

Wir hatten ein langes Gespräch, in dem ich Fatmah versprach, mit ihrem Mann zu reden. Inzwischen konnte ich mich schon ganz gut auf türkisch verständigen, um ihm einiges sagen zu können, was er sicher nicht gern hören würde.

Am nächsten Tag war die Wohnung der beiden nicht wieder zu erkennen. Nori hatte sie nach seinem Geschmack verändert. Anstelle der hübschen Bilder hingen Tücher an den Wänden mit Motiven, die mir mittlerweile bekannt waren: Minarette, Moscheen, Mekka, die heilige Stadt, und ein großer schwarzer Würfel, die Kaaba, als Mittelpunkt des Ganzen. Alles war verändert, viele liebenswerte Dinge waren verschwunden oder durch andere ersetzt. Dieses Heim wurde zur orientalischen Oase, ganz im Sinne von Nori, Fatmahs Ehemann. Es war gewiss kein guter Gedanke, die junge Frau zur Aufrechterhaltung ihrer noch nicht vollzogenen Ehe zu ermutigen.

Aber Mutter Camilah war dafür und meinte, das müsse man ganz einfach ertragen, es gebe gewiss noch andere, viel schlimmere Dinge, die man ebenfalls hinzunehmen hätte. Als Moslime, die gewohnt war, sich dem Mann unterzuordnen, fand sie das Verhalten ihres Schwiegersohnes nicht gerade lobenswert, aber auch nicht so, dass es sich zu streiten lohne. Doch Fatmah, in Deutschland geboren und aufgewachsen, die sich in allem nach westlichen Gesichtspunkten orientierte, rebellierte. Schließlich einigte man sich doch, auf ständiges Drängen der Mutter – und Fatmah blieb. Aber diese Ehe wurde zum Fiasko für die junge Frau, weil sie die Mentalität ihres Mannes nicht akzeptierte, sich nicht unterordnen konnte und gegen seine Ansichten immer wieder aufbegehrte.

Nach einigen Monaten sah ich Fatmah wieder. Blass, müde, abgekämpft berichtete sie mir, dass sie ein Kind erwarte, auf das sie sich gar nicht freuen könne, weil ihre Ehe so unglücklich sei. Noris Selbstwertgefühl übersteige jeden Begriff, der Koran sei für ihn das Maß aller Dinge, soweit es für ihn von Nutzen sei. Diese beiden jungen Leute lebten in verschiedenen Welten, und bei so grundsätzlich verschiedener Lebensauffassung liegt es nahe, dass eine solche Verbindung zum Scheitern verurteilt ist. Aus westlicher Sicht würde eine Trennung als die einzig richtige Lösung in Frage kommen. Aber Nori war da anderer Meinung. Er war der Stärkere in jeder Beziehung und Fatmah war sein Eigentum, von dem er sich nicht trennen wollte.

Aber dann ereigneten sich Dinge, die das Leben dieser beiden Menschen von einem Tag zum anderen völlig veränderten. Nach einem anstrengenden Tag wurde ich nachts zu einer drohenden Fehlgeburt in das Krankenhaus gerufen. Fatmah lag hier blutend und krümmte sich in Wehen. Das blaue Auge und die Schrammen im Gesicht sagten mir alles. »Hat dich Nori ...?«, fragte ich. Sie nickte nur. »Ein Arbeitskollege trug meine schwere Einkaufstasche bis zur Haustür – da sah Nori rot! Ich fiel so unglücklich«, flüsterte Fatmah. Eine heftige Wehe schüttelte den Körper und dann war es soweit. Dieses kleine Wesen, das nun geboren wurde, konnte in dieser Welt noch nicht leben, und doch wehrte es sich verzweifelt gegen den Tod. Aber alle Mühe war umsonst, nach wenigen Minuten starb es. Fatmah weinte um ihr Kind, obwohl sie vor Tagen noch glaubte, es nicht lieben zu können.

Zu Nori, der auf dem Flur des Krankenhauses wartete, sagte ich: »Warum hast du Fatmah geschlagen?

Das hat sie nicht verdient. Euer Sohn ist nun tot, und du bist schuld. Verstehst du das?« Zwei große dunkle Augen schauten mich traurig an. »Mein Sohn ist tot, tot«, sagte er immer wieder, und er schwor bei Allah und seinen Propheten, dass er Fatmah in Zukunft auf Händen tragen werde. Der Tod seines Sohnes belastete Nori sehr. Ein totes Mädchen hätte er vermutlich eher verkraftet.

Fatmah litt unter Depressionen und erholte sich nur langsam. Nori besuchte sie täglich und sprach lange mit ihr. Mir schien, der Tod ihres Kindes hatte dem Leben dieser beiden jungen Leute eine entscheidende Wende gegeben.

Als sich Fatmah am Tag der Entlassung von mir verabschiedete, sagte sie: »Nori hat Heimweh nach Anatolien. Er ist hier unglücklich und möchte nach Hause zurück und ich gehe mit ihm. Verstehen Sie das?« Für mich war das unbegreiflich. »Nein Fatmah, ich verstehe es nicht, aber es ist deine Entscheidung. Werde glücklich mit ihm in eurer Heimat.« Als sie mich umarmte, sagte sie noch: »Haben Sie Dank für alles, auch im Namen von Nori.« Im Leben kommt manches, wie es kommen muss. Die einen nennen es Schicksal, die anderen Gottes Wille. Insch Allah!

54

Bei der Geburt eines Menschen zu helfen, die Geburt auf diese Weise mitzuerleben, ist eine große und schöne Aufgabe, die zum Nachdenken über dieses Wunder anregt. Angesichts des neuen Lebens ist man immer wieder berührt, und man kann nicht anders, als gläubig zu sein in Anbetracht dieses großartigen Werkes der Natur.

Heute, nach Jahren, wird mir bewusst, was es heißt, am Anfang eines neuen Lebens zu stehen, aber auch, welch große und oft schwere Verantwortung ich übernehmen musste, besonders in den Jahren der Hausgeburten. Aus meinen Tagebüchern kann ich ersehen, dass es hier, trotz mangelnder Hilfsmittel, die wenigsten Schwierigkeiten gab, weil man noch Zeit und Geduld aufbrachte und wenig Medikamente beim Verlauf einer Geburt einsetzte. Damals gab es noch Großfamilien mit Großmüttern, die den Ablauf in Haus und Hof aufrecht hielten, ohne Dank und Anerkennung zu erwarten, wenn die Mutter durch Wochenbett oder Krankheit ausfiel. Eine Großmutter ist auch heute noch wichtig im Leben eines Kindes, sie wird notwendig gebraucht und ist oft ein ruhender Pol für die Enkelkinder.

Die Zeit der Hausgeburten ist beendet, die Krankenhausgeburt hat auch in ländlichen Gebieten Eingang gefunden. Die Wende setzte Mitte der fünfziger Jahre ein: Die Geburt im Krankenhaus, bis dahin die Ausnahme, verdrängte nach und nach die Geburt zu

Hause, die jetzt zur Seltenheit wurde. Den Hebammen wurden ihre Vollmachten zugunsten der Ärzte entzogen, die nun auch die Verantwortung für Mutter und Kind übernahmen. Die Schwangerenvorsorge wurde ausgebaut, und die werdenden Mütter erkannten sehr bald, dass man durch Früherkennung verschiedenen Krankheiten – wie z. B. der gefürchteten Eklampsie – rechtzeitig begegnen kann.

Dass die Frauen die Klinikgeburt mehr und mehr in Anspruch nahmen, hatte mehrere Gründe. Vor allem war es die Angst vor Komplikationen, von denen man des Öfteren hörte; Medien und Fachärzte empfahlen die Krankenhausgeburt, weil man ihrer Meinung nach die Risiken für Mutter und Kind verringern kann und die schmerzarme bzw. schmerzfreie Geburt praktiziert wird. Wer möchte das nicht?!

Als die werdenden Mütter anfangs ins Krankenhaus kamen, glaubten sie, dass hier der Geburtsverlauf ein anderer sei, sehr viel schneller, schmerzloser. Eine gewisse Enttäuschung machte sich bemerkbar. Auch fühlten sie sich ohne Familie und die gewohnte Umgebung einsam und allein gelassen. Sie waren in ihrer Bewegungsfreiheit eingeengt, und die Sorge um Mann und Kinder zu Hause führte oft zu Unruhe und Nervosität.

So kam es, dass schon nach den ersten Wochenbetttagen der Wunsch nach Entlassung aus dem Krankenhaus im Vordergrund stand. Aber nach und nach gewöhnte man sich an die Neuerung, und bald gehörte es zum guten Ton, zur Geburt eines Kindes das Krankenhaus aufzusuchen.

Als Landhebamme war ich gewohnt, mit wenigen technischen Hilfsmitteln und bescheidenen Medikamenten zu arbeiten und durch Abwarten und Geduld eine optimale Sicherheit zu erreichen. Im Gegensatz dazu steht in den Kliniken und Krankenhäusern eine unglaubliche Technik zur Verfügung, die oft lebensrettend sein kann, aber nicht immer verantwortungsbewusst und zum Nutzen der Menschen angewandt wird. Narkose- und Kaiserschnittgeburten sind üblich, und die programmierte Geburt mit wehenfördernden bzw. wehenhemmenden Mitteln ist möglich geworden. Mit Hilfe der Pereduralanästhesie wird die schmerzfreie Geburt praktiziert und hoch gepriesen. Der Dammschutz, der in der Hebammenschule ganz besonders gelehrt und als hohe Kunst in der Geburtshilfe bewertet wurde, ist nun nicht mehr gefragt, der Dammschnitt wurde zur Regel.

Für uns Landhebammen war das eine neue Situation, auf die wir uns umzustellen hatten, und für viele wurde diese Wende zur Existenzfrage, wenn nicht die Möglichkeit bestand, im Krankenhaus arbeiten zu können.

Eine neue Zeit war angebrochen mit großen wissenschaftlichen Erkenntnissen und Errungenschaften, aber auch mit Unruhe, Hektik, Eile und menschlicher Überforderung. Für ein gutes, tröstendes Wort am Gebärbett blieb wenig Zeit. Zugunsten der Sicherheit ist der menschliche Kontakt verlorengegangen.

Die Jahre der Hausgeburten empfand ich, trotz mancher Unzulänglichkeiten und größerer Anstrengung, als eine schöne Zeit. Sie brachten Verantwortung, aber auch herzlichere Kontakte zu den Müttern und ihren Familien.

Jetzt und für die Zukunft möchte ich wünschen, dass man in das natürliche Geschehen einer Geburt nicht unbedingt und in jedem Fall eingreift, dass man Zeit und Geduld wieder als etwas Wichtiges erleben kann, dass man nur aus wirklicher Notwendigkeit Technik einsetzt und dass man diese nicht überbewertet; dass man die Errungenschaften des Fortschritts nutzt, aber maßvoll und verantwortungsbewusst. Ich meine, dass wir uns besinnen sollten, die Gesetze der Natur mehr zu beachten, und zwar in allen Bereichen, damit wir wieder zu einem natürlicheren Leben mit mehr Bescheidenheit zurückfinden, zum Nutzen für uns und unsere Kinder.